全圖解 解決孩子的

イラスト版 子どものアンガーマネジメント：
怒りをコントロールする 43 のスキル

小學生的 憤怒管理 練習課

不再被生氣控制， 消除怒氣的43個技巧

一般社團法人日本憤怒管理協會／監修
篠真希、長繩史子／著　林美琪／譯

　　親愛的小朋友，你現在是以什麼樣的心情閱讀本書呢？和同學吵架了嗎？挨爸媽、老師的罵而覺得難受嗎？或者，是老師拿書給你，交代你「好好讀一讀！」呢？

　　我們撰寫本書的目的，是希望你能認識一下「憤怒管理」。顧名思義，這是一門管理憤怒情緒的學問。其實不分大人小孩，很多人都在為「憤怒」的情緒困擾著，這是因為大家在小時候都沒有學過「與憤怒和平相處的方法」。

　　如果「憤怒的方式」錯了，會有什麼結果呢？應該會傷害朋友、與同學關係惡化、造成老師和爸媽等人的困擾……因而後悔不已吧。因此，不論你為什麼會拿到這本書，都希望你能藉此機會好好學習「憤怒的方式」。

　　本書分為六個章節。

　　第1章介紹「憤怒的來龍去脈」。

　　「憤怒」是一種強烈的情緒，時不時侵襲你，進而支配你。有些憤怒讓人一想到就火冒三丈，有些憤怒讓人再也不願想起。無論如何，請你放心，只要了解「憤怒」，就能避免引爆它並且受制於它。

　　第2～5章，列舉許多像你這樣年紀的小朋友容易憤怒的情境。

　　我們在左頁以插圖的方式，介紹一些在學校或朋友之間容易發生的衝突；在右頁設計了一些「練習」和「挑戰」，請你試著做做看。

| ★☆☆……低年級 | ★★☆……中年級 | ★★★……高年級以上 |

具體範例分成以上三種程度，請選擇適合你的部分。

第 4 章介紹的「聰明的憤怒方式」非常好用，務必學起來喔！

第 6 章是本書的總整理。

透過本書，你究竟對「憤怒管理」了解多少？能於日常生活中應用到什麼程度？請好好確認一下。學會「憤怒管理」後，你就能充分掌握自己的情緒，即便與朋友發生衝突，你也能用正確的方法化解，是不是很棒呢？

最重要的是……讀完本書後，你必須徹底實踐「憤怒管理」！不論是有點悶悶不樂時，或是氣到炸鍋時，請你不要放棄，繼續努力實踐。因為「憤怒管理」就像打球或彈鋼琴一樣，只要每天不斷反覆練習，你的技巧就會越來越高明。

等你慢慢長大，成為國中生、高中生，甚至出社會工作，你一定會慶幸自己已經學會如何「憤怒管理」了。

「憤怒管理」不是禁止你生氣，而是幫助你不被「憤怒」沖昏頭並傷害別人。

希望在你實踐「憤怒管理」的過程中，不僅自己受惠，也能影響身邊的人。加油加油！

兒童憤怒管理總教練
篠真希 & 長繩史子

目錄

「憤怒管理」測驗

下列問題，請回答「Yes」或「No」。

1	我覺得憤怒是不好的事	☐ Yes	☐ No
2	我覺得容易生氣的人應該是生病了	☐ Yes	☐ No
3	我覺得憤怒是突然爆發的	☐ Yes	☐ No
4	我覺得憤怒時，不論對象是親近的人或其他人都是猛烈的	☐ Yes	☐ No
5	我覺得憤怒說來就來、說走就走，不會一直留在心裡	☐ Yes	☐ No
6	我覺得憤怒要大聲表現出來，對方才會知道	☐ Yes	☐ No
7	我覺得不應該在別人面前表現憤怒	☐ Yes	☐ No
8	我覺得憤怒是一種看不見的情緒	☐ Yes	☐ No
9	我覺得憤怒要盡情發洩出來比較好	☐ Yes	☐ No
10	我覺得憤怒是沒辦法控制的	☐ Yes	☐ No

結果如何呢？
其實，正確答案全部是「No」。

❶ 情緒沒有所謂的好或壞，所以憤怒不是不好的事情喔！

❷ 憤怒是一種很自然的情緒，人人都會憤怒。

❸ 憤怒不是突然爆發的，是「不安」和「悲傷」等所謂「二次情感」，像火山裡的岩漿，累積到一定程度後爆發。

❹ 憤怒這種情緒比較容易對身邊親近的人強烈，因為人們通常認為身邊人「應該很了解我才對，怎麼可以……」於是更加氣不過。

❺ 憤怒不消除乾淨，會一直殘留在心底喔！「怨恨」就是這樣產生的。

❻ 憤怒時，有人會大聲發洩出來，但這樣做很可能會嚇跑對方，或者導致對方更不願意傾聽你的委屈。

❼ 沒有這回事，我們當然可以用憤怒保護自己，只是方法要適當，千萬不要太過分而後悔。

❽ 很多人認為憤怒是看不出來的，但我們可以透過一些行為讓別人知道我們為什麼憤怒和憤怒的程度。

❾ 有時即便盡情發洩，對方仍然不明白你為何憤怒。

❿ 你可以控制你的憤怒，這就是所謂的「憤怒管理」。

請重新認識「憤怒」，學習「憤怒管理」吧！

「憤怒」的自我評量表

下列問題，請回答「Yes」或「No」。

1 我又沒怎樣，有時卻被人說是在生氣，甚至被亂發脾氣　　□ Yes □ No

2 我沒有生過氣，所以不知道生氣的感覺是什麼　　□ Yes □ No

3 我認為只有大人才能生氣　　□ Yes □ No

4 我只要生氣，通常沒有那麼快消氣　　□ Yes □ No

5 我只要生氣，就會越來越氣，氣到最高點　　□ Yes □ No

6 我生起氣來會敲桌子、踢椅子　　□ Yes □ No

7 我只要生氣就會和別人吵架　　□ Yes □ No

8 生氣時，我的心臟會怦怦跳，喘不過氣　　□ Yes □ No

9 我只要生氣就會全身不舒服、感到疲倦　　□ Yes □ No

10 我每次生氣都沒有好下場　　□ Yes □ No

結果如何呢？

如果你的回答全是「Yes」，就有必要做好「憤怒管理」喔！

❶ 明明沒怎樣，卻被人說是在生氣，或許是你的表達方式不太好喔！請再仔細反思一下。

❷ 憤怒也是一種重要情緒，它一直都在，可能只是你不知道而已，請好好認識各式各樣的情緒。

❸ 大人和小孩都可以生氣。生氣不是壞事，如果你一直忍耐，總有一天會像火山一樣爆發，請特別留意。

❹ 不能消氣表示你的內心還有不被人了解的委屈，請好好檢視憤怒的背後是否藏著一些過不去的小疙瘩。

❺ 越來越氣，氣到最高點的話，不但你自己難受，別人也會很困擾。請學習掌控憤怒的方法。

❻ 可以生氣，但有三個原則：不能傷害別人、不能傷害自己、不能破壞物品。因此，最好不要有敲桌子或踢椅子這類舉動。

❼ 立刻反駁就會變成吵架，請好好學習不立刻反駁的方法。

❽ 生氣會讓身體受到影響而產生反應，請進一步了解這種身心變化。

❾ 憤怒這種情緒十分強烈，因此請好好學習控制憤怒的方法。

❿ 每一種情緒都很重要，有時憤怒是為了保護自己，如果你每次生氣都沒有好下場，那就試著改變一下生氣的方式，學習表現憤怒的正確方法。

只要學會「憤怒管理」，就能與憤怒和平相處了。

「憤怒」
是什麼？

焦躁、憤怒的情緒，到底是什麼呢？

1 憤怒是一種很重要的情緒

「好討厭喔！」、「好煩！」、「氣死我了！」、「無聊死了！」……你曾有這種感覺嗎？等到氣消了，就會說出「唉，我說得太過分了」、「不該吵架的」等話，你曾因此後悔、反省和責怪自己嗎？

這種時候，也許你會覺得不要「憤怒」比較好，但是「憤怒」這種情緒是沒辦法說不要就不要的。

「憤怒」和開心、快樂、痛苦、悲傷一樣，都是我們心中非常重要的情緒。但我們很少會跟爸媽、老師或朋友表明我們的「憤怒」，因此他們通常不知道。

不要忍耐，也不要隱藏，你應該好好認識「憤怒」是怎麼回事。人們多半討厭「憤怒」，但是先別抗拒，只要知道它的特徵，就能好好面對和處理。

對了，「憤怒」的破壞力很強，不小心就會傷害自己和對方，因此，必須了解幾個與它相處的注意事項。

2　承認並接受憤怒

事出必有因，「憤怒」也一樣。例如，「有人說你壞話」、「同學排擠你」，這時你會怎麼想呢？應該會感到莫名其妙：「為什麼？到底怎麼回事？」當你覺得「好希望他們能了解我」、「我明明沒錯，為什麼……」時，你會不會感到煩躁？當有人對你做出你不喜歡的行為時，你的感受是什麼？你希望別人怎麼做呢？

請好好思考看看。

重點是，不要因為不甘心而暴跳如雷，應該先冷靜下來，好好表達自己的情緒。

3　「憤怒」可以控制

你身邊有沒有會大聲咆哮、動不動就氣噗噗的人呢？什麼？你自己就是這樣？你是不是覺得自己很容易生氣，而且很難改善呢？其實，發脾氣的方式通常是從爸媽或身邊的人學來的。換句話說，愛亂發脾氣的人，只是有樣學樣罷了。

請放心，如果你不喜歡自己的壞脾氣，隨時都可以改變喔！「憤怒」是我們心中的一種情緒，因此我們可以選擇表達憤怒的方式。請好好認識「憤怒」，進而改變「憤怒」的方式，學會自己控制「憤怒」，這就是所謂的「憤怒管理」。

2 憤怒不是壞事

1 要小心處理憤怒的情緒

　　每一種情緒都很重要，沒有好、也沒有不好。但是，生氣時怒嗆對方，或是變得凶巴巴，就會讓人覺得「**憤怒＝壞事**」。生氣時，心臟會怦怦跳、身體會變熱，整個人都失常，你不覺得這樣子不太舒服嗎？

　　但是如果一直忍耐，反而會累積不滿的情緒，然後在某個忍不住的瞬間火山爆發！所以，我們必須小心處理「憤怒」。

2 憤怒有時是為了保護自己

　　有時是因為從小被大人教導「不能發脾氣」、「生氣就不對」，有時則是氣昏頭以後開始反省，不論哪一種，只要感到後悔並責備自己不該生氣，就很容易認定「憤怒」是一種不好的情緒。

　　可是，「憤怒」不會自動消失，想生氣就生氣是沒問題的，但相反的，不需要生氣時就別生氣。

　　聽到「想生氣就生氣沒關係」，是不是很驚訝呢？是不是覺得放心多了呢？被人當傻瓜劈頭痛罵一頓，當然會生氣，因為「憤怒」這種情緒雖然不能用來傷害別人，但可以用來保護自己喔！

四種有問題的「憤怒」情緒

1 動不動就生氣（頻率太高）

在一天或是一個禮拜內，你大約生氣或煩躁幾次呢？次數越多，表示你越容易生氣。如果你身邊有人老是在生氣，結果會怎樣？你會不會也覺得自己莫名煩躁，話沒說兩句就火大起來呢？

其實，憤怒會傳染喔！傳染範圍還會逐漸擴大，搞得周圍的人全都脾氣暴躁。

2 隨時隨地都在生氣（持續不斷）

有憤怒的情緒很正常，只是如果一直處在「憤怒」中，整個人就會越來越陰鬱，甚至由憤怒產生怨恨。如果你一直想著有人惹你生氣，忘不掉那些讓你氣不過的事，那會怎樣呢？你會累積滿滿的負面情緒，每天都過得很痛苦。

3 大發脾氣（強度太大）

你有這種經驗嗎？想要一個東西時，只要一直吵、一直鬧，最後爸媽就會買給你。如果你都是靠大發脾氣來達到目的，以後你會連一點點小事都暴跳如雷，而且不達目的絕不消氣。

但是一段時間後，大家就會厭煩你的壞脾氣而懶得理你。所以動不動就大發脾氣的話，會越來越沒有朋友喔！

4 亂發脾氣（具攻擊性）

吵架時，你會不會亂罵人、敲桌子、甩東西，甚至反擊呢？的確，有些人會因為不甘心而氣噗噗。

但是，如果你將「憤怒」的情緒發洩在別人或物品上，第一次，或許大家還能忍受，再有第二次的話，就沒人願意跟你玩了。即便你們原本是很要好的朋友，也會彼此看不順眼，互相傷害。咒罵人和摔東西，都不能消除憤怒，請務必堅守以下原則：不傷害對方、不傷害自己且不破壞物品。

走開！

認識憤怒的性質

1 憤怒是其他情緒轉變而來的

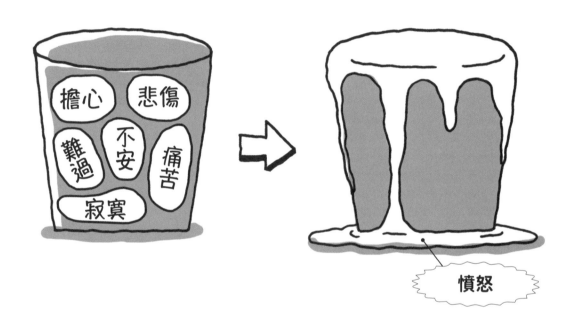

憤怒

　　心理學上稱「憤怒」這種情緒為「二次情感」，換句話說，是從「一次情感」轉變而來的。請你想像一下你的心裡有個杯子，杯子慢慢裝進難過、痛苦、悲傷和寂寞等負面情緒。

　　這些難過和痛苦的情緒，就是所謂的「一次情感」，杯子的一次情感越積越多，最後就變成憤怒滿溢出來。

　　那麼，心裡的杯子有多大呢？答案是每個人都不一樣喔！心裡（杯子）的空間還很充裕時，你不會心浮氣躁，但如果杯子滿了，一點點小事就會讓你抓狂。

2 憤怒會像火山一樣爆發

當憤怒的情緒像火山一樣爆發後，你會大喊大叫、拍桌子搥牆壁，甚至摔東西，造成別人的困擾。請記住，千萬不可以打人或砸東西喔！希望你能明白，憤怒爆發是因為你累積了各種情緒。

只要知道憤怒之下是某些情緒在作怪，並加以安撫，通常就會消氣。

3 憤怒會像連環炮一樣爆炸

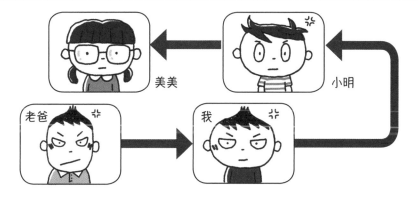

憤怒會從大發脾氣的人那裡引爆，接著像連環炮般，接連炸到別人身上，直到炮火熄滅為止。例如，被老爸臭罵一頓的人，會把怒氣發洩在別人身上（通常是比較好說話的人）。如果不知道怎麼處理憤怒的炮火，被炸到的人就會繼續炸別人來消氣。為了避免波及無辜，一定要趕快從中切斷才行。

5 了解憤怒的產生過程

憤怒產生之前，會經過三個階段

到底「憤怒」是怎麼來的呢？我們來看看它產生的過程吧！在憤怒產生之前，會經過三個階段。

例如，在教室不小心撞到一張被亂放的椅子時，有人會生氣，有人不會。為什麼有不同的反應呢？因為他們的「想法」不一樣。

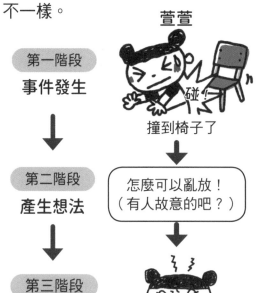

	萱萱	安安
第一階段 事件發生	撞到椅子了	撞到椅子了
第二階段 產生想法	怎麼可以亂放！ （有人故意的吧？）	好痛！沒關係， 又不是故意的
第三階段 確定想法	氣噗噗！	算了 不生氣
感到憤怒		

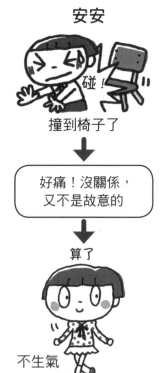

同樣都是「撞到椅子了」，
但想法不同，結果就很不一樣呢！

練習 1　當教室很吵時……

> ① 好吵喔！老師講話都聽不見了
> ② 說話應該小聲一點才對
> ③ 講話很大聲的人有什麼毛病嗎？＝這樣是不對的
> ④ 感到火冒三丈（憤怒）
> ⑤ 氣得大罵：「吵死人了！」
> ⑥ 教室瞬間鴉雀無聲
> ⑦ 原來只要我一罵，他們就會安靜下來了
> 　　→下次再吵，我就這樣開罵！

　　這樣想的話，當然容易生氣；反之，不這樣想就不會爆氣了。如果你動不動就生氣，建議利用「憤怒管理」反省自己，肯定能幫你消消氣的。

練習 2　憤怒的過程

　　我們將「練習 1」的①～⑦，套進憤怒的過程中看看吧！

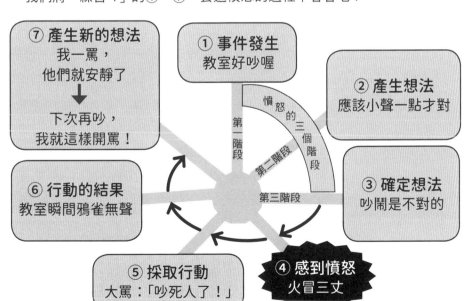

6 自己的憤怒 自己控制

　　事情不順心就氣到大吼大叫、拳打腳踢，或是肚子餓就心浮氣躁……就算你怪東怪西，受憤怒之苦的人還是你自己。那麼，該怎麼做才不會被憤怒耍得團團轉呢？

　　針對這種一生氣就怒吼、搞破壞的衝動，你可以學習「改變行為」，不再因生氣而傷害別人或破壞物品。

　　如果你的煩躁是某種想法造成的，你可以學習「改變想法」，就不會再那麼容易生氣。換句話說，你可以自己決定要加大或是撲滅憤怒的火勢。

練習　憤怒的過程

利用 P.19「憤怒的過程」圖，套用最近碰到的狀況。

⑦ 產生新的想法

・・・・・・・・・・・・・・・

・・・・・・・・・・・・・・・

・・・・・・・・・・・・・・・

・・・・・・・・・・・・・・・

① 事件發生

・・・・・・・・・・・・・・・

・・・・・・・・・・・・・・・

・・・・・・・・・・・・・・・

・・・・・・・・・・・・・・・

② 產生想法

・・・・・・・・・・・・・・・

・・・・・・・・・・・・・・・

・・・・・・・・・・・・・・・

第3章 會學到喔

試著改變想法

⑥ 行動的結果

・・・・・・・・・・・・・・・

・・・・・・・・・・・・・・・

・・・・・・・・・・・・・・・

・・・・・・・・・・・・・・・

憤怒的三個階段

第一階段

第二階段

第三階段

③ 確定想法

・・・・・・・・・・・・・・・

・・・・・・・・・・・・・・・

・・・・・・・・・・・・・・・

・・・・・・・・・・・・・・・

試著改變行動

⑤ 採取行動

・・・・・・・・・・・・・・・

・・・・・・・・・・・・・・・

・・・・・・・・・・・・・・・

・・・・・・・・・・・・・・・

第5章 會學到喔

④ 感到憤怒

・・・・・・・・・・・・・・・

・・・・・・・・・・・・・・・

・・・・・・・・・・・・・・・

表達憤怒的用語

生氣時，你會說些什麼？是不是會罵「笨蛋！」、「耍人啊！」、「搞什麼！」呢？

請你想一想，如果有人這樣罵你，你會怎樣？

是不是會覺得不開心、想罵回去，甚至一下子火大起來？

你發現了吧？沒錯，「笨蛋！」、「耍人啊！」這類話，都是在責備他人，被責備的人當然會生氣，最後雙方可能就會開始吵架。

表達憤怒的「正確」用語，不是去頂撞對方，而是告訴對方你目前的感受。請參考以下用語，能更正確清楚的向對方表達心裡的感受。

～表達憤怒的正確用語～

生氣、爆氣、煩躁、火大、討厭、惱怒、暴怒、怒火、發火、發飆、抓狂、怨氣、變臉、不爽、炸鍋、氣沖沖、心情很糟、理智斷線、青筋暴跳、一肚子火、咬牙切齒、怒火中燒、怒氣沖天、火冒三丈、氣死人了、大發雷霆、激怒……

不要氣到
失去理智

憤怒時，先把握 6 秒原則

1 情緒激動的時間最多維持 6 秒

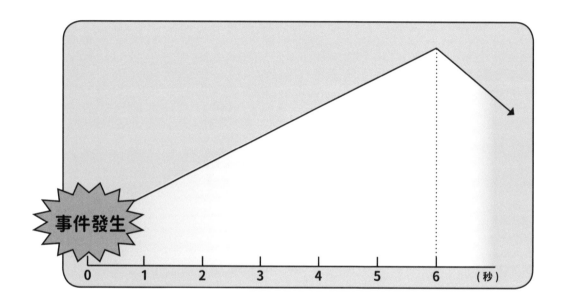

事件發生

0　1　2　3　4　5　6　（秒）

　　被人欺負、被人怒罵時，總會不由得一股怒氣衝上來，然後忍不住罵回去，或是欺負回去。可是，這麼一來肯定會吵架，甚至鬧得不可開交。

　　生氣時，怒氣會逐漸變強，但不會持續太久，一般來說，情緒激動的時間只會維持 6 秒鐘。

　　因此，心浮氣躁時，請先在內心默數 1、2、3、4、5、6⋯⋯

　　如果你是容易暴怒的人，你要做的第一件事就是「不要立刻反擊」！只要等待 6 秒鐘，怒氣就會慢慢減少了。

　　千萬別誤會喔！絕對不是要你忍耐不生氣，而是希望你不要被怒氣沖昏頭，能夠學習表達憤怒的正確方法。憤怒的破壞力很強，請小心不要傷害自己，也不要傷害別人。

2 怒氣上來時，有效冷靜的方法

邊做其它事邊等待6秒鐘以上。

① 數數字

可以從頭數 1、2、3、4、5、6……也可以倒過來數 100、97、94、91……每一次都減 3，運用算術也能幫你冷靜下來。

② 在心裡喊：「停！」

氣到想動手時，請在心中喊：「停！」阻止怒氣占據大腦。大腦放空的話，就能避免失控而做出暴衝的行為。

③ 唱歌

例如《小星星》、《兩隻老虎》、《蝴蝶》等等，在心中唱這些短短的歌曲，就能消減怒氣！也可以唱你喜歡的歌曲副歌。當你氣到想罵人時，趕快用這招，很有效喔！

8

同學玩遊戲耍詐，讓我一直輸

　　我和阿邦猜拳，他竟然耍詐慢出，結果猜贏了。怎麼可以這樣！氣死我了！

　　和同學一起玩時，結果對方耍詐，肯定氣不過，這時很容易脫口說出難聽的話。如果你會氣昏頭而太衝動、說話太超過的話，就在暴衝之前先深呼吸一下。

練習

深呼吸，讓情緒冷靜下來

生氣時，我們的身體會產生什麼變化呢？
恐怕會心臟怦怦跳、呼吸非常急促吧？這是因
為血管和肌肉都緊繃起來，身體處於戰鬥模式
的關係。

生氣時，請先試著讓情緒冷靜下來。最簡
單的方法就是深呼吸，用鼻子慢慢吸氣 4 秒，
再用嘴巴慢慢吐氣 6 秒，重點是慢慢把氣吐完。
這麼做，你就會逐漸放鬆而冷靜下來。

情緒激動的時間頂多維持 6 秒鐘，因此你
可以在內心數 1、2、3、4、5、6⋯⋯一邊吐氣。

挑戰 ## 除了深呼吸，玩吐氣遊戲也很有效喔！

吹氣球

＊對塑膠過敏的人須留意。

吹泡泡

用吸管吹氣

吹塑膠袋

9

正在玩的玩具
被同學搶走時

人家正在玩！

哨！

> 我正在玩球，球滾出去時，卻被阿偉搶走了。我大喊：「人家正在玩！」阿偉卻霸道的說：「這是大家的，又不是你的！」怎麼可以這樣！明明我正在玩！一股怒氣沖上來，天啊！受不了啦！

自己正在玩的球被阿偉蠻橫搶走，肯定非常火大，再看到他一副理所當然的樣子，簡直要炸鍋了。為了避免一時衝動，建議你先學會忽視憤怒的方法。

利用「接地練習」轉移情緒

有一個方法很不錯，叫做「接地練習」，英文是「Grounding」，是從地面的英文「ground」衍生出來的，意指「定住不動」。當我們把注意力集中到一個地方時，就能轉移焦躁的心情，凡是在你附近的東西都可以，請你仔細觀察一下。

例如，同學身上的衣服很漂亮，你可以把注意力放在那件衣服上，然後想一想：「那是什麼顏色？」、「那種圖案給人什麼樣的感覺？」、「布料摸起來的感覺？」、「是薄的還是厚的？」、「用什麼材質做的？」、「一共有幾顆扣子？」

如果旁邊有一隻野貓，你可以觀察牠，然後想一想：「牠的體型有多大？」、「身體是什麼顏色？」、「眼睛是什麼顏色？」這樣就能慢慢平息你的煩躁了。

挑戰 **實際做一遍「接地練習」**

心浮氣躁時，試著做一遍「接地練習」，將注意力集中到一個地方，然後寫下你觀察到的內容。

*觀察到的東西／事情 ＿＿＿＿＿＿＿＿＿＿＿＿＿＿＿＿＿＿

*什麼顏色？ ＿＿＿＿＿＿＿＿＿＿＿＿＿＿＿＿＿＿

*什麼材質？ ＿＿＿＿＿＿＿＿＿＿＿＿＿＿＿＿＿＿

*有什麼圖案？ ＿＿＿＿＿＿＿＿＿＿＿＿＿＿＿＿＿＿

*什麼形狀？ ＿＿＿＿＿＿＿＿＿＿＿＿＿＿＿＿＿＿

如果阿偉搶走你的球，害你不能繼續玩時，你該怎麼做呢？請用平靜的心情好好想一想。不妨先做幾次深呼吸，幫助自己冷靜下來。

想做「接地練習」的話，就先觀察你身上的衣服吧！也可以想想除了玩球外，你還想做什麼，或許會想出更好玩的點子呢！

10 班級討論時，全班事不關己的樣子

　　成果發表會要表演話劇，但角色分配一直搞不定。我是班長，得負責完成這件事才行，可是大家都不吭聲，一副漠不關心的樣子，老師卻說：「交給大家一起決定」……我快受不了了，真想發飆！

　　話劇角色分配搞不定，你身為班長，必須完成這項任務，而且老師說要交給同學一起決定，結果卻一直沒有結果，真是傷透腦筋。時間一分一秒過去，同學依然漠不關心……

　　成果發表會不可能取消，因此無論如何都得把角色分配定下來，但大家一副事不關己、興趣缺缺的樣子。這種時候乾脆暫停吧！不是要你放棄，而是讓大家休息一下，轉換心情，過一會兒再重新開始，應該就能好好討論了。

練習 挑戰「暫停」！

　　例如打籃球時，如果敵隊連續得分，這時我隊可以喊「暫停！」重新擬定作戰策略。這裡的「暫停」，就是一種讓頭腦冷靜下來的方法。

　　先暫時離開現場，讓自己冷靜一下，平復情緒。不過，這時候不能一聲不響的走開，必須告訴對方：「我想先暫停一下。」否則對方會很困擾、不知所措。

　　「暫停」的目的是讓自己冷靜，因此離開現場的那段時間，千萬別去思考令你煩躁的原因，而是好好放鬆。

　　暫停的時候，做什麼事能夠幫助你冷靜下來呢？喝點水、到外面深呼吸一下……請想一想，然後寫下來。

挑戰 「暫停」的時候……

可以這麼做：讓自己冷靜下來

‧放鬆（深呼吸、閉目養神）

‧散步

‧做伸展操

‧＿＿＿＿＿＿＿＿＿＿＿＿＿＿＿＿＿

‧＿＿＿＿＿＿＿＿＿＿＿＿＿＿＿＿＿　等等

「暫停」是為了恢復冷靜，因此不要再做會讓自己更加煩躁的事。

不可以這麼做：會讓人更煩躁

‧大喊大叫

‧劇烈運動

‧回想生氣的事

‧＿＿＿＿＿＿＿＿＿＿＿＿＿＿＿＿＿

‧＿＿＿＿＿＿＿＿＿＿＿＿＿＿＿＿＿　等等

11 突然被別人插隊時

★★☆

> 我在書店櫃檯前排隊準備結帳，一個不認識的阿伯突然插隊！原本應該輪到我的……我可以生阿伯的氣嗎？

突然被別人插隊，多半會很不爽，但是到底該怎麼做比較好呢？如果對那位不認識的阿伯說：「你不能插隊！」萬一他是個可怕的人不就慘了？

為了避免這種困境，平時你可以做一種練習，彷彿用溫度計測量憤怒的溫度，客觀觀察自己的憤怒。

只要多練習幾次，肯定會發現自己正在生氣的事情根本沒什麼大不了。當你出現這種想法時，表示你已經能夠好好控制自己的憤怒了。

練習

將憤怒的程度數字化

當我們想像一件事情時，用數字表示會變得簡單易懂。例如，與其說「等一下」，不如說「請等 5 分鐘」，比較能夠知道到底要等多久。

用溫度計測量憤怒的溫度，意思是指，試著想像憤怒到達什麼程度。當你知道氣溫幾度時，應該就會知道該穿什麼衣服；同樣的，知道憤怒的程度後，你可以決定：「就快爆炸了，得做好準備才行！」或是：「還好，沒有很生氣，不理它就好。」採取適當行動。先將憤怒程度數字化，有助於控制自己的憤怒。

掌握這個訣竅後，請你練習本章介紹的各種冷靜方法，讓自己的憤怒縮小和降溫。

挑戰 　為憤怒測量溫度！

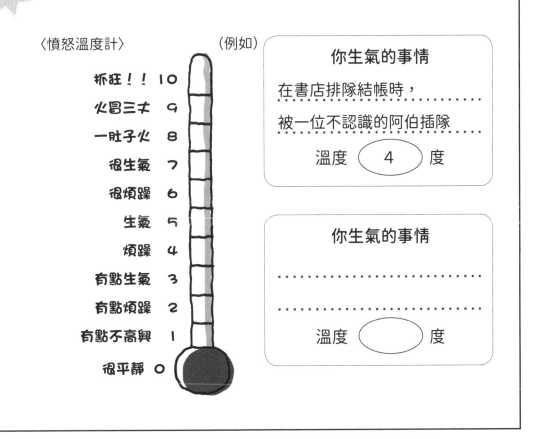

〈憤怒溫度計〉 （例如）

抓狂！！ 10
火冒三丈 9
一肚子火 8
很生氣 7
很煩躁 6
生氣 5
煩躁 4
有點生氣 3
有點煩躁 2
有點不高興 1
很平靜 0

你生氣的事情

在書店排隊結帳時，
被一位不認識的阿伯插隊

溫度 （ 4 ） 度

你生氣的事情

溫度 （ ） 度

12 莫名奇妙 被人亂發脾氣時

> 上星期我感冒了，請假沒有去上課，當時老師對我說：「不必擔心功課的事，先好好休息吧！」可是今天我卻因為沒有交功課挨老師罵。老師，你不記得自己說過的話嗎？

老師說話不算話讓你好氣好氣，覺得好無辜，是不是很想抱怨，但只能敢怒不敢言呢？

其實，你可以跟老師說明原因的，但要注意一點，不要大聲回嘴頂撞！頂撞老師絕對不是聰明的做法。

請先整理好心情，然後跟老師說：「我上個禮拜感冒請假，您要我不必擔心功課的事，先好好休息再說。」這樣應該就沒事了。

練習

解決問題的咒語（Coping Mantra）

「Coping」是英語「因應」和「解決」的意思；「Mantra」是梵語，意思是「咒語」。當你快要爆氣時，可以唸「消消氣咒語」來立即平息怒火。

如果在發脾氣、鬧彆扭、哭哭啼啼或情緒激動，就沒辦法好好把話說清楚，因此，請先學會整理好自己的心情。

挑戰 ## 想出一套屬於你自己的「消消氣咒語」！

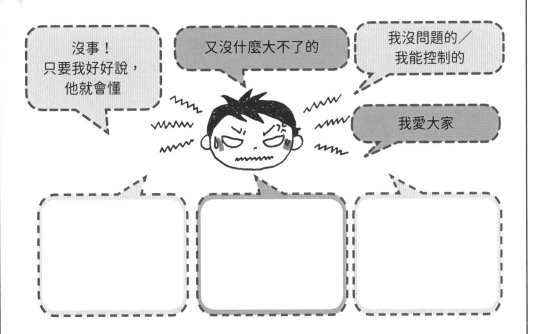

★重點★

從現在起，當你碰到討厭的事情，滿腦子只想怒罵對方時，請務必在心中默唸這些「咒語」。只要練到習慣成自然，你就不會說話衝動或動手打人了。

重點是，每次感到煩躁時，都務必唸這些「消消氣咒語」！起初可能會不習慣，但請堅持下去，你一定能感受到這些咒語的魔力。

13 被人強迫做不想做的事情時

> 當班長是吃力不討好的差事，都沒有同學要當，我也不想，但是卻被趕鴨子上架……同學都可以早早回家玩，好賊喔！

在你成長的過程中，會碰到許多狀況，讓你不想做某件事也不得不做。但是，只要能夠改變觀念，你會發現很多原本討厭的事情，其實「沒什麼大不了」。

開會時心浮氣躁，或者老是心不甘情不願，只會白白浪費你的精神和體力。再討厭的事情，也有值得去做的地方，請練習用正向的態度面對你不喜歡做的事情。

練習

自言自語

自言自語換句話說，就是在內心和自己溝通。

即便是同樣的事情，你在內心跟自己說正面話語或是負面話語，你的心情就會隨之變好或變差，如果你都跟自己說負面的話，生氣的時間就會拉長。所以，請練習多對自己說正面的話！

不愉快的事件：**因為當班長，今天放學後又要留下來開會！**

＊你的習慣性想法
為什麼我要被迫當班長，做這些辛苦的事情呢？

➡ **＊讓心情變好的自言自語**
→雖然我很想去玩，但是我負責任的把工作做好，就會有一股成就感！
→就藉這個機會努力完成任務，得到老師和同學們的稱讚吧！

挑戰 ## 想一些能讓心情變好的自言自語

不愉快的事件①

＊你的習慣性想法
．．．．．．．．．．．．．．．．．．
．．．．．．．．．．．．．．．．．．
．．．．．．．．．．．．．．．．．．

➡ **＊讓心情變好的自言自語**
．．．．．．．．．．．．．．．．．．
．．．．．．．．．．．．．．．．．．
．．．．．．．．．．．．．．．．．．

不愉快的事件②

＊你的習慣性想法
．．．．．．．．．．．．．．．．．．
．．．．．．．．．．．．．．．．．．
．．．．．．．．．．．．．．．．．．

➡ **＊讓心情變好的自言自語**
．．．．．．．．．．．．．．．．．．
．．．．．．．．．．．．．．．．．．
．．．．．．．．．．．．．．．．．．

控制衝動的健康操

除了「消消氣咒語」外，還有很多可幫助你控制情緒的方法喔！

深呼吸三次

沒有人能一邊深呼吸一邊生氣喔！請用鼻子吸氣四秒鐘，再用嘴巴吐氣六秒鐘。

用力抱緊抱枕！

試著用力緊緊抱住抱枕，是不是覺得心情緩和多了呢？

石頭、布！石頭、布！

出「石頭」時，就像用力把怒氣捏碎！出「布」時，就像放掉怒氣！
請反覆做「石頭、布」的動作，直到冷靜下來為止！

揉黏土

用力且專心揉黏土，可以幫助你不去想剛剛生氣的事情！

原地跳躍

試著雙手雙腳伸直，原地跳躍看看！
這麼做可以消耗因為生氣變快的心跳，讓你冷靜下來！

伸展運動

肌肉放鬆時，會產生「血清素」這種讓人放鬆的物質，心情就會跟著平穩下來了。

第**3**章

改變想法的
思考練習

14 心中認定的「應該」, 是引起憤怒的原因

1 憤怒的源頭

你通常會在什麼時候想要發脾氣呢？有人說你壞話時？有人打你時？有人不守約定時？

這種時候，即便沒有直接說出來，你的心裡也會有抱怨吧？你在抱怨什麼呢？請試著找出隱藏在你內心中的情緒。

●有人說你壞話時
（他為什麼要說那麼過分的話？真是奇怪，不可以隨便說人家壞話才對！）

【→明明不「**應該**」說別人壞話……
討厭！好煩！】

●有人打你時
（不可以打人！）

【→明明不「**應該**」打人的……
真討厭！氣死人！】

●有人搶走你正在用的東西時
（要用借的才對！怎麼可以擅自搶走！）

【→明明「**應該**」開口借的……
不敢相信！真是受不了！】

●有人不守約定時
（說話要算話！）

【→明明「**應該**」遵守約定的……
我不管了！氣死我了！】

現在你大概知道你的內心藏著什麼樣的抱怨了吧？沒錯，裡面全都有「應該」。「應該」是一種**強制的認定**，表示你認定那樣做是理所當然的。如果你覺得隨便怎樣都好，就不會生氣；相反的，如果你覺得「應該這樣才對」，但結果卻不是這樣，就會想發脾氣。

2 你心中是不是藏著一些想法，導致你想發脾氣呢？把它們找出來吧！

你是不是認定有些事情「應該～才對」、「不應該～才對」呢？或者認為「～是理所當然的」「必須～才行」呢？

請再思考一下，那些想法絕對正確嗎？

練習　找出引起憤怒的想法

揪出那些讓你想發脾氣的想法吧！

→採訪你身邊的大人或朋友，聽取他們的意見。

（例如）升上二年級以後，應該要會騎沒有輔助輪的腳踏車才對。

□絕對正確／□未必正確

其他人的意見	有些人天生就不擅長騎腳踏車，有些人則是沒有腳踏車，當然沒機會練習。

引發憤怒的想法

....

□絕對正確／□未必正確

其他人的意見	

引發憤怒的想法

....

□絕對正確／□未必正確

其他人的意見	

15 這樣思考，讓心胸更寬大

1 內心世界的大小會隨想法而改變

當你認定「應該」怎樣，結果卻不是這麼一回事時就會生氣。可是即便是同一件事，當你的想法改變了，就有可能不會生氣喔！請看下圖，你的內心世界分成①～③部分。

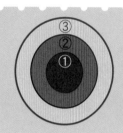

①和我認定的「應該」一樣【理所當然】
②和我認定的「應該」有點不一樣【算了，原諒他】
③和我認定的「應該」完全不一樣【怎麼回事？不能原諒！氣死我了！】

你認為「理所當然」的事，有時未必如此，請看看下面的例子。

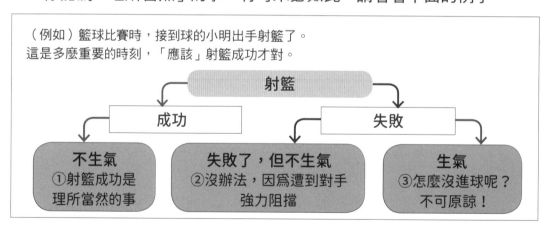

（例如）籃球比賽時，接到球的小明出手射籃了。
這是多麼重要的時刻，「應該」射籃成功才對。

射籃

成功 — 失敗

不生氣
①射籃成功是理所當然的事

失敗了，但不生氣
②沒辦法，因為遭到對手強力阻擋

生氣
③怎麼沒進球呢？不可原諒！

①和心中所認定的「應該」一樣，所以沒必要生氣。②雖然和心中所認定的「應該」不一樣，但改變想法後，就能不生氣了。③和心中所認定的「應該」不一樣，所以生氣。重點在於②。如果能擴大②的部分，也就是【算了，原諒他】，就比較不會生氣。

2 擴大【算了，原諒他】的區域

　　這個區域表示事情和你認定的「應該」不一樣，但你不會生氣，也就是 P.42 說的②這個部分，請擴大這個區域的範圍吧！

練習　　有哪些事情和你認定的「應該」不一樣，但你會覺得「沒辦法＝原諒他」呢？請用寬大為懷的態度，將這些事情寫下來。

發生的事件

籃球比賽時，接到球的小明出手射籃了。

你心中認定的「應該」（①）

這是多麼重要的時刻，「應該」射籃成功才對。→但是，事與願違……

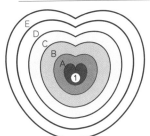

★寫下原諒他的理由，擴大內心（②）的部分。

A：遭到對方阻擋

B：手指受傷了

C：當初傳球給他的時候，球傳得不好

D：地板太滑了

E：對方的防守太強了

挑戰　　**發生的事件**

你心中認定的「應該」（①）

　　　　　　　　　　　　　　　　　　→但是，事與願違……

★寫下原諒他的理由，擴大內心（②）的部分。

A：

B：

C：

D：

E：

能夠寫好寫滿最好，寫不到 E 或寫超過 E 都沒關係，重點在於逐漸擴大②的範圍。

16 生氣到 要和同學打架時

我在學校操場走著，阿宏突然衝過來撞我，害我跌倒！

我嚇得心臟怦怦跳，而且膝蓋撞到地板受傷，好痛！「你給我好好道歉！」我叫住想溜走的阿宏，他卻冷冷回了一句：「什麼啦！」我氣得推他，結果就打起來了。

阿宏撞到你之後，你為什麼生氣呢？後來甚至打架了，但事情有嚴重到非得打架不可嗎？

一般來說，會越想越生氣，而且會越來越搞不清楚生氣的原因。有個妙招可以防止這種狀況下的暴衝喔！請善加利用P.45的方法，與其在腦中想來想去，不如直接寫下來更容易了解，也能轉換心情。

憤怒筆記

回想曾因為什麼事情而生氣，寫成「憤怒筆記」。

① 發生什麼事？

> 阿宏撞過來，害我跌倒。

② 你接下來的反應？

> 我叫住阿宏：「你給我好好道歉！」他卻回了一句：「什麼啦！」我就氣得推了他一下。

③ 你希望對方怎麼做呢？

> 我希望他能看著我，並且對我說：「你還好嗎？對不起！」

④ 此時的心情？

> 我們打架了，我好難過，很希望我們能夠重修舊好，但我不知道該怎麼做才對。

　　發生什麼事、你做了什麼事、你希望對方怎麼做、你怎麼看待這件事……把這些一一寫下來，會很有幫助。如果只在腦袋中想來想去，「心情」和「發生的事情」會攪在一起，讓人更加煩躁。因此，請將事實與心情分開寫出來。

挑戰

依照上面的示範，將最近令人氣惱的事情、煩躁的事情，寫在下面的「憤怒筆記」中

① 發生什麼事？

....

② 你接下來的反應？

....

③ 你希望對方怎麼做呢？

....

④ 此時的心情？

....

17

坐在我旁邊的
是我討厭的同學

★ ☆ ☆

　　終於換座位了，結果竟然是一個討厭的人坐我旁邊⋯⋯花花和米琪都能坐在一起，為什麼我偏偏這麼倒楣？啊！好討厭喔！明天開始我該怎麼辦才好啊⋯⋯

　　事與願違了嗎？當你不喜歡的人出現在你身邊時，請你想一想，你是怎麼看待他的？你討厭他的一切嗎？或者，你是討厭他說話或做事的方式？該怎麼做才能讓你忽略這些討厭呢？

　　如果你滿腦子都是討厭、討厭、討厭，並不能改變任何現狀。建議你先接受現狀，再試著改變自己的想法。請你想想怎麼做會感到開心，然後一一寫下來。

練習

改變筆記

哪些事情是你想自我改變的？你可以怎麼做？希望什麼時候能夠做到？請盡量將你想自我改變的事情一一寫下來。

（例如）換座位

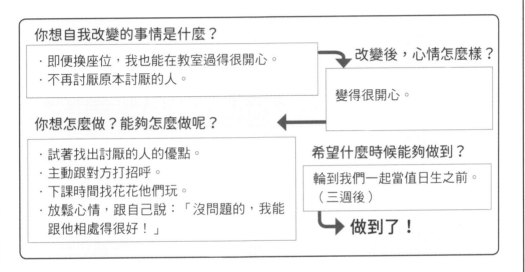

你想自我改變的事情是什麼？

· 即便換座位，我也能在教室過得很開心。
· 不再討厭原本討厭的人。

改變後，心情怎麼樣？

變得很開心。

你想怎麼做？能夠怎麼做呢？

· 試著找出討厭的人的優點。
· 主動跟對方打招呼。
· 下課時間找花花他們玩。
· 放鬆心情，跟自己說：「沒問題的，我能跟他相處得很好！」

希望什麼時候能夠做到？

輪到我們一起當值日生之前。
（三週後）

↳ **做到了！**

挑戰 **請參考上面的示範，將你想自我改變的事情寫成「改變筆記」吧！**

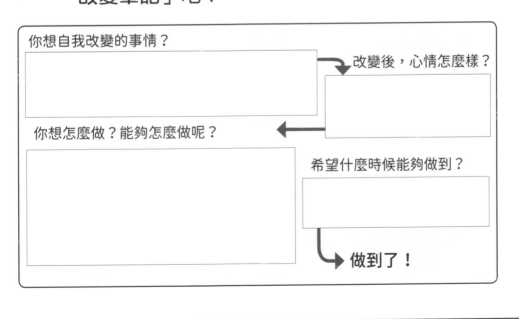

你想自我改變的事情？

改變後，心情怎麼樣？

你想怎麼做？能夠怎麼做呢？

希望什麼時候能夠做到？

↳ **做到了！**

18 同學突然對我大吼發脾氣

今天輪到我當營養午餐的打飯生，當我把咖哩盛到阿奇的餐盤上時，他突然大罵：「你幹嘛故意把胡蘿蔔給我！」我不知道阿奇討厭吃胡蘿蔔，我又不是故意的。這時候我該怎麼辦呢？

打飯時，有人會抱怨：「我的分量好少喔！」或者有時只是不小心忘了給，卻被大吼：「我怎麼沒有！」狀況非常多，所以當打飯生真的很辛苦！

你不知道阿奇不喜歡吃胡蘿蔔，當然不會是故意的。阿奇不說，誰會知道呢？

你認為阿奇為什麼這麼生氣？思考看看吧！

練習

「應該」筆記

有時雙方想法不同就會吵起來。請你回想一下曾經為了什麼事情跟別人吵架，當時你是怎麼想的？對方又是怎麼想的呢？然後寫下來。

（例如）打飯時，阿奇突然大罵：「你幹嘛故意把胡蘿蔔給我！」

●你的「應該」／「不應該」

「不應該」不問人家原因就亂發脾氣。

●對方的「應該」／「不應該」　【站在阿奇的立場】

・「不應該」把我討厭的胡蘿蔔給我。 ・怎麼會不知道我不喜歡吃胡蘿蔔。 ・一定是故意欺負我。

●你真正的心情

好難過……

●對方的心情

・或許大受打擊…… ・今天一整天都很煩躁。

【我的心情】
我不知道阿奇討厭吃胡蘿蔔→我不是故意把胡蘿蔔給他的！→他幹嘛這麼生氣→【「不應該」不明就理亂發脾氣！】→氣死我了！（被他大罵真的好難過……）

【站在阿奇的立場】
或許他以為我知道他討厭胡蘿蔔，不應該把胡蘿蔔給我→竟然給我胡蘿蔔→咦？怎麼搞的？→【「不應該」把我討厭的胡蘿蔔給我！】→氣死我了！（被人硬塞胡蘿蔔，覺得大受打擊吧……）

挑戰

請參考上面的示範，寫成「應該」筆記

【發生的事件】

●你的「應該」／「不應該」

●對方的「應該」／「不應該」

●你真正的心情

●對方的心情

19 同學不讓我一起玩

大家在操場玩「鬼抓人」，我也想玩，就跟小露說：「我也要玩！」沒想到她竟然說：「不行！」太過分了……

也許是有某些原因才不讓你加入吧！

如果對方是故意欺負人，就沒必要受這種刁難。通常受人欺負時，會忍不住再去欺負別人，這樣就不好了。因此，你要思考的不是去對抗對方，而是該怎麼做才不會起衝突。

練習

四個箱子

左邊提到的「鬼抓人」情境，適用於下列哪個箱子呢？請想一想。

P.78 ～ 81 也有詳細的練習，別忘了試試看喔！

1

非常重要，
非解決不可！

想辦法解決吧！

如果你覺得：「他們都不讓我加入，那我去學校就沒意思了！」不妨想想和他們溝通的方法。如果你自己無法解決，可以請大人幫忙。

這是非常重要的事，因為和朋友、家人有關，如果不解決，日子就不好過。好好想出解決辦法吧！

2

雖然很討厭……
但也沒辦法

尋找其他目標吧！

如果他們是固定班底而不讓你加入，就去找別人吧！一定還有其他好玩的事情可做。

有些事情讓人難過，卻也莫可奈何。這種時候，應該去找其他可以讓自己快樂或打發時間的方式。

3

算了，不計較！

接受對方的想法

不妨這樣想：「他們玩得正開心，而且說不定之前就約好是他們幾個人一起玩……」

如果能夠改變想法，接受不一樣的意見和結果，就能體諒別人的心情了。這點相當重要，因為這樣才能與別人和睦相處。

4

不必想太多

當作沒發生，平常心過生活

儘管被別人拒絕，但不必放在心上：「沒關係，今天就這樣吧！」把不愉快的事情忘得一乾二淨！

如果是芝麻小事，或者對方是不認識的人、只發生一下就結束的事，根本不值得一一花心思去計較，隨它去吧！

20 被老師責罵心裡很生氣時

上課中，我有時會不小心太大聲和同學說話，但奇怪的是，永遠只有我一個人被老師罵！明明其他同學也有份的說……

　　請先記住一件事：被罵也有「聰明的被罵方式」喔！雖然犯錯的人不只你一個，但畢竟你也有錯，這種時候，最好先接受對方的責備，表現出反省態度，跟對方說：「我錯了，對不起！」

　　你會感到氣憤，是因為老師不聽你的解釋吧？但想想看，老師之所以生氣，也是因為你不聽老師的話。因此，請先接受老師的生氣，再找適當機會說出你想說的話。

　　接著進入正題，請想一想，你的想法與老師罵你的理由，各有著什麼樣的「應該」呢？

①為什麼認為只有你一個人挨罵不公平？

· 因為 _____

> （例如）因為吵鬧的人又不只我一個，要罵的話，應該罵全部的人才對。

這下就知道你期待老師做到的「應該」是什麼了吧？
· 老師應該 _____

> （例如）老師應該對所有學生一視同仁。

②相反的，你認為老師心目中的「應該」是什麼？

· 你（學生）應該 _____
· 老師應該 _____

> （例如）學生上課時應該安靜。
> 　　　　老師應該維護認真上課的學生的權益。

＊如果你還是不明白，可以詢問老師。

知道你違反老師的哪一個「應該」了嗎？老師當時的心情會是怎樣呢？
· 因為你（學生）_____，所以 _____
· 老師的心情 _____

> （例如）因為你會反省改正，所以先叫你。
> 　　　　學生好吵，真的很傷腦筋。

　　相信你已經理解自己的「應該」（①），和老師的「應該」（②）了吧？
不論是老師或學生，只要對方不符合自己的「應該」，就很容易生氣。
　　當你不明白為什麼挨罵時，不妨想想自己的「應該」和對方的「應該」。

21 覺得自己 吃悶虧，不甘心時

★★★

> 輪到我和小陽負責打掃，但他都不掃，老是摸魚，難道要認真打掃的我幫他掃嗎？我不能接受～

　　有些人不守規矩、不負責任，卻未必會被糾正。當這些人成功偷懶時，認真做事的人就會覺得自己吃虧，內心生起「好奸詐」、「不甘心」的情緒而心浮氣躁。

　　這種時候，請先設法減輕自己的心浮氣躁。就算對方的態度不改變，至少自己的情緒不會越變越差，才能好過一點。

想辦法減輕煩躁

①當你心浮氣躁，完全靜不下來時，請寫下你最初想到的事情。

（例）

> · 明明輪值打掃，卻完全擺爛，這種人真可惡！

> · 為什麼我要幫不打掃的人打掃？

> · 要是不打掃，我也會被老師罵。

②上面的想法，表示你的心裡有哪些「應該」和「不應該」呢？把你想到的全部寫下來。

（例）

> · 摸魚打混的人應該被罵。

> · 不應該製造麻煩給別人。

③上面那些「應該」和「不應該」中，哪些最讓你感到心浮氣躁呢？請做出記號，然後試著改變想法，與人和睦相處。

（例）

· 摸魚打混的人應該被老師罵。　→　老師不可能都在旁邊，所以老師不知情也是沒辦法的事……

· 不應該給別人製造麻煩。　→　當然不能製造麻煩，但小陽可能還做不到這一點吧！

（讓你心浮氣躁的想法）　　　　（不會心浮氣躁的想法）
　　　　　　　　　　　　→

（讓你心浮氣躁的想法）　　　　（不會心浮氣躁的想法）
　　　　　　　　　　　　→

★重點★
不需要勉強自己改變想法喔！但如果某些「應該」的想法造成你心浮氣躁、完全冷靜不下來，就稍微站在對方的立場設想，並且寫下來。

# 憤怒筆記

什麼是「憤怒筆記」？

　　「憤怒」筆記就是把生氣的事情記錄下來，其實，很多人都不知道「憤怒」是什麼狀態，為了幫助你了解，當你覺得「火大！」、「討厭！」時，請想想：「如何避免這種事情發生？」、「我該怎麼做才好？」、「我到底為什麼生氣？」並且寫下來。

「寫在紙上」能夠達到下列效果！

　　將生氣的事情寫在紙上，就能冷靜和客觀的重新看待它。請注意，不能偏袒自己，必須完整呈現客觀客觀事實。

　　一段時間後再重新閱讀「憤怒筆記」，通常能看出一些盲點，包括你在氣頭上而無法冷靜思考的事情。

　　‧能幫助你消氣（冷靜）。

　　‧能幫助你客觀看見事實。

　　‧心情平靜後再看，能幫助你整理情緒。

「憤怒筆記」的內容

①時間

②地點

③事件（發生什麼事？有哪些人在場？不是寫出你的心情，而是寫出實際的經過）

④你的反應（說了什麼話？做了什麼事？）

⑤憤怒的強度（利用 P.57 的「憤怒溫度計」表示憤怒的程度）

憤怒筆記

①時間？

②地點？

③發生什麼事？

④你的反應？

⑤利用下面的「憤怒溫度計」，將憤怒程度以數字表現。

1	2	3	4	5	6	7	8	9	10

你的「應該」正建立中

　　每個人都有許多自己認定的「應該」和「不應該」，大人也一樣。因此，你們的「應該」和「不應該」，很可能是從小被爸爸、媽媽和老師教育出來的。

　　「應該遵守約定。」、「應該聽老師的話。」、「不應該做出讓人討厭的事。」我們想生氣的時候，絕大部分是有人沒做到我們認定「應該」的事，或是做出我們認定「不應該」的事，例如，有人不按照我們的期待去做；我們希望這樣，別人卻是那樣；有人做出我們認為不可以去做的事……

　　自己很守信用，同學卻不守信用，當然會不爽；期待中的事情最後沒有實現，當然會失望。這些時候，任何人都會生氣的。可是，拿天氣來說，期待去遠足的那一天下雨了，雖然令人失望，但生氣能改變事實嗎？就算生氣，雨還是照下吧？對不會改變的事情生氣只會讓自己更難受而已。

　　「應該」這件事也一樣，你認定的「應該」絕大部分都是正確的，但是，有一些人還做不到（持不同看法）也是事實。每次遇見做不到或持不同看法的人就心煩、生氣的話，實在太太消耗心力了。因此，你必須學會控制情緒，才不會氣昏頭。事實證明，與其氣昏頭而和對方爭吵，不如先冷靜下來再跟對方溝通，才是有效解決問題的方法。

　　請多做 P.55 的練習，幫助你鬆綁自己的想法，不將讓你產生憤怒的原因「應該」強壓在別人身上。另外，也請多做 P.53 的練習，幫助你接受不同的意見與想法。

第**4**章

學會聰明的憤怒方法

22 一定要知道！憤怒時的三大原則

　　我們已經介紹了一些方法，能幫助你好好表達情緒與意見。只要多加練習，你就會越來越厲害，這些能力在你將來長大後，會繼續為你加分。

　　不過，畢竟你還在練習中，難免等不及6秒就發怒了，或是突然一股氣冒上來，擋都擋不住。

　　這種時候，也有所謂「憤怒時的三大原則」，接下來就要介紹這三大原則，請務必記住！

　　就算你不小心又生氣了，仍要牢牢堅守這些原則喔！

原則 1　不傷害別人

　　就算想要大發脾氣，也絕對不可以傷害別人。不但不可以使用暴力，也不可以用言語傷害別人的心！

　　你的怒氣可能過陣子就消了，但對方受的傷不會輕易復原。有些身心上的傷害甚至一輩子都好不了。請記住，眼睛看不見的心理內傷，往往比肉體上的傷害更難恢復，得花更長的時間。

原則 2　不傷害自己

　　所謂「不傷害自己」，是指不要過度自責。每個人都有無窮的潛力，但你過度自責，認為：「我沒用啦！」「大家都討厭我！」「我乾脆死一死算了！」就是在傷害自己，這跟反省完全不一樣。

　　就算你犯錯，也未必完全是你的錯，只要改正就好。你要相信自己，肯定自己才行！

原則 3　不破壞物品

　　意思是不要把氣發洩在無辜的對象上。如果你會破壞物品，久而久之，就可能會傷害人。

　　不可以摔東西來消氣！心理學家已經證明，摔東西只會讓人更加火冒三丈。因此，當你心浮氣躁、想要抓狂時，千萬不要拿東西出氣，應該利用其他方法讓自己冷靜下來。

23 絕對要記住！憤怒時的四大禁忌

■聰明的吵架方法

　　和同學發生衝突時，只要不發飆、不動手、不弄哭對方，其實正是一個表達自己想法的好機會。要和同學和睦相處，請學會聰明的吵架方法。

　　這種吵架的目的不是為了打敗或傷害對方，而是為了與對方維持友誼。以下是生氣和吵架時絕對不能犯的四大禁忌，請牢牢記住喔！

1	隨心所欲想生氣就生氣。
2	牽扯到無關的人事物。
3	逼問原因。
4	不聽對方解釋，固執己見。

隨心所欲想生氣就生氣

你的生氣，跟事情本身有關嗎？還是看你當時的心情呢？例如，平常對某些事根本不在意，但有時就會想生氣。生氣的標準不應該取決於你的心情，應該就事論事。

牽扯到無關的人事物

一吵起架就開始翻舊帳，於是越吵越生氣，最後不但模糊了這次爭吵的焦點，連對方也會覺得莫名奇妙而感到生氣。生氣時，應該把想說的話歸納成一個重點，不要東扯西扯，這點非常重要。

逼問原因

生氣時，你會不會逼問對方：「為什麼要這樣？」但是就算問再多的「為什麼」通常還是問不出原因。

例如，媽媽問你：「為什麼不收拾碗盤？」你是不是會回答「沒為什麼啊……」？

當你逼問原因時，通常對方會開始找藉口，那就更難解決問題了。建議你不要逼問原因，而是和對方溝通，重點放在「今後」如何避免同樣的狀況再度發生。

不聽對方解釋，固執己見

生氣時不要罵對方：「你每次都這樣！」應該就這次的事情好好溝通，並且傾聽對方的想法。

請避免說出「你常常～」、「你都會～」、「你每次～」，不可能每一次都是對方的錯吧？因此，不要誇大其詞和過度責備，而是針對「這次」的問題好好溝通討論

24 同學借東西不還時

　　上個禮拜小涵說：「那支筆好特別喔，借我一下好嗎？」我就借給她了，但直到今天，她都不還我！我很喜歡那支筆，一定要還我才行啊！雖然我不想跟她吵架⋯⋯但是卻越想就越氣！

　　既然你很喜歡那支筆，一定希望小涵快點還給你。我知道你很生氣，但你跟小涵索討那支筆時，臉上是什麼樣的表情呢？態度又是如何呢？是不是讓對方知道你很生氣呢？請回想當時的態度、表情和用語等。

認識自己生氣時的態度

你是否注意過，你生氣時都是什麼樣的表情和舉動呢？如果你是笑咪咪的說話，對方很難知道你在生氣喔！

(表情) 你當時是什麼表情呢？
→鬧情緒的表情。

(舉動) 你當時做出什麼舉動呢？
→低著頭，說話結結巴巴。

(用語) 你當時說了什麼話呢？
→「嗯……那個……那支筆……」

> ☆重點☆
> 請先冷靜下來，然後看著對方的眼睛，清楚表達意見。
> 例如，你可以說：「我上次借妳的筆，請妳還我好嗎？那支筆對我很重要，妳如果不還我，我會很難過。」

挑戰 **請把生氣時的態度寫下來**

(表情) 你生氣時的表情如何？
→ _____

(舉動) 你生氣時會做出什麼舉動？
→ _____

(用語) 你生氣時會說出什麼話？
→ _____

25 同學提出無理要求時

> 小智的椅子一直發出嘎啦嘎啦聲，他突然回頭跟我說：「我要跟你換椅子！」為什麼？椅子有問題跟老師說就好了，幹嘛要我跟他換！上次也是，中午打飯時，因為我的飯菜看起來多一點，他居然說都沒說，硬把我的飯菜拿走，把他的塞給我！小智這傢伙真討厭……

　　小智不講理，硬要跟你換椅子，甚至搶走你的中餐，讓你很頭痛吧！該怎麼做才能阻止這種情形發生呢？首先，你可以跟對方表達你的心情。那麼，你是怎樣的心情呢？請利用「我訊息」表達出來吧！

練習

用「我訊息」表達意思

「我訊息」（I Message）是以「我」為主語的表達方式，也有另一種「你訊息」（You Message）是以「你」為主語的表達方式，不妨兩種都嘗試看看。

①「你訊息」的範例	②「我訊息」的範例
「你怎麼搞的？」 「你很奇怪！」 「你有病喔！」	「我討厭那樣！」 「我很失望！」 「我不想做！」

「你訊息」的主語是「你」，例如：「你幹嘛！」「你很討厭！」當一方用「你訊息」說話時，另一方會有受到攻擊的感覺，於是雙方互嗆，彼此傷害。

避免使用「你訊息」，而是使用「我訊息」，對方才不會覺得受到攻擊，你才能好好表達你的心情。

你訊息

你很奇怪！

你才奇怪咧！

我訊息

我不喜歡人家對我那樣！

是喔，我惹你不開心了？

26

老是被某個同學
找麻煩時

> 　　坐在我旁邊的芸芸常忘記帶東西，都會跟我借，昨天她又忘了帶美術用具。我已經借她好多次了，於是一氣之下說：「不借你了！」結果她就哭了起來。我不是故意惹她哭的，但大家都覺得是我不對，害她大哭。

　　芸芸忘記帶東西時，都是你好心借她用，可是，經常這樣的話，有時你想自己用卻沒得用，也是傷腦筋。今天，你忍不住跟她說：「不借你了！」沒想到她卻因此大哭，你也很後悔吧！那麼，該怎麼做才能避免這種情況發生呢？

請想一想，大發脾氣後會有什麼結果？

當你大發脾氣後，你和你的朋友會是什麼樣的心情呢？你想說的話對方都聽進去了嗎？請看下面例子，仔細想一想。

◎將大發脾氣的樣子畫下來。

◎大發脾氣時，你會說什麼話？

（例）為什麼你每次都這樣！

_____

_____

_____

_____

◎被你發脾氣後，對方會怎麼想呢？

（例）覺得被攻擊／心情很糟／很想哭。

_____

_____

_____

_____

◎大發脾氣後，你認為現場的氣氛會怎樣？

（例）變得很尷尬和難受。

_____

_____

_____

_____

◎有什麼方法可以不發脾氣又能解決問題呢？

（例）找老師商量／建議對方向隔壁班的同學借。

_____

_____

_____

_____

被同學取笑時

> 　　運動會快到了，今天大家一起練習賽跑。我很想跑出好成績，拼命向前衝，但不小心摔了一跤，當我抬起頭的時候，看到大家竟然都在笑我……

　　賽跑時跌倒是常有的事，不必覺得羞恥！可是，理智上雖然明白這點，當跌倒被嘲笑時，沒有人的心情會好過。

　　大家應該是覺得有趣才笑出來的吧！換作是你，當同學跌倒時，你會不會笑呢？

　　被取笑者的心情、取笑者的心情，你都了解嗎？

　　被取笑的人或許會氣得臉紅脖子粗，甚至想哭。

　　這種時候，你該怎麼做才能好好表達心情呢？

①這種時候，該如何表達心情呢？

想發脾氣時，請先確認一下發脾氣之前，你的腦中正在想些什麼？因為想到什麼才讓你想發脾氣的呢？

你跌倒而被同學取笑時，你想到了什麼呢？

跌倒時	被取笑時

（例）好痛！拖到時間了啦！ 　　（例）被當傻瓜了，我的樣子很蠢嗎？

....

....

....

什麼原因讓你想發脾氣呢？如果能把這個原因表達出來，對方就能理解你的心情，也就不會取笑你了。

請參考 P.67 的「我訊息」範例，以自己的方式寫出當下的心情。

「我＿＿＿＿＿＿＿＿＿＿＿＿＿好難過喔！」

（例）我跌倒了，你們卻取笑我，好難過喔！

「我希望＿＿＿＿＿＿＿＿＿＿＿＿」

（例）我希望你們不要笑我！

②用「我訊息」，寫下你想對同學、老師和家人說的話。

_____

_____

_____

_____

28

同學出賣我，把我的祕密說出去

> 小志是我的好哥兒們，所以我告訴他我喜歡哪個女生，並要他保守祕密，沒想到他竟然覺得很好玩，就把這件事說出去！太過分了！

隨便把別人的祕密說出去是不對的，大家都知道要「保守祕密」，但就是有人做不到。

碰到這種事肯定相當生氣，但是既然大家都知道了，要他們忘記也不可能。因此，一直去想不可能做到的事只會更加心煩，應該去想可以怎麼防止同樣的事情再度發生。

做不到的事：讓大家忘記已經知道的祕密。

做得到的事：要求對方以後必須保守祕密。

然後將「做得到的事」好好告訴對方。

想生氣時該怎麼辦？

①說出自己的心情

②告訴對方你希望他怎麼做

■你生氣的原因是什麼？

· 說好這是不能說的祕密，卻被說出去了，所以很不開心。

· 被大家知道了，覺得很丟臉。

→知道自己生氣的原因，才能思考如何向對方表達心情。

■可以試著這樣說

①說出自己的心情

「因為我們是好哥兒們，我相信你會守信用，才把這個祕密告訴你，沒想到你卻背叛我，真的好難過。」

②告訴對方你希望他怎麼做

「我希望我們還是好哥兒們，所以你要守信用。我會守信用，希望你也要做到。」

練習「不要因為心情不好就生氣」

如果你是因為對方「不守信用」而生氣，建議你將這樣的心情好好告訴對方。不過，如果你生氣的原因是因為「覺得好丟臉」，那你就要注意了，覺得丟臉時，很容易惱羞成怒。

除此之外，心浮氣躁時，原本不在意的事情也會讓人忍不住發火。這些生氣的原因都跟情緒有關，而且你必須了解，有時候對方根本不知道你是因為心情不好而生氣。

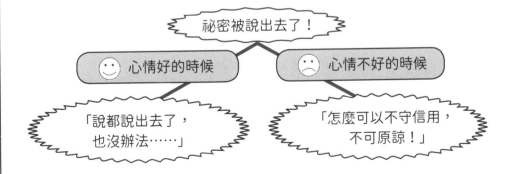

29

被同學欺騙時

莎莎跟我說：「我今天家裡有事，就不跟你一起玩了喔！」但後來我在公園看見她和別的女生一起盪鞦韆。她竟然騙我……

「啊，騙人！」或許你因此想發脾氣，但你只是看見她在盪鞦韆，並不知道真正發生了什麼事，請別太早下斷論。既然莎莎是你的好朋友，你應該先問一下實際的狀況比較好。

突然一股無名火冒上來時，你要做的第一件事是先冷靜下來，然後再適當詢問：「你怎麼在這裡？不是家裡有事嗎？」

不過，對方的回答未必會如你所願，有時可能會讓你不開心。如果你們有必要好好溝通時，不妨利用 P.75 的練習。

確認自己的情緒

想對人發脾氣時、想和對方理論時，請先確認自己希望與對方保持什麼樣的關係？

你希望與對方保持何種關係？

（例）如果對方騙我，我就要和他絕交。

（例）就算對方騙我，如果他肯道歉，我還是會和他當好朋友。

挑戰　雙贏的吵架方式

「雙贏」（win-win）就是你和對方都贏了。想吵贏對方，就不是「雙贏」，吵架的真正目的不是把對方打敗。

吵架時，必須先奠定正確的態度：「為了讓彼此的感情更好」和「為了瞭解彼此」才不會搞到無法收拾的下場。

> 思考吵架的目的

＊你想知道什麼？

＿＿＿＿＿＿＿＿＿＿＿＿＿＿＿＿＿＿＿＿＿＿＿＿＿＿

＿＿＿＿＿＿＿＿＿＿＿＿＿＿＿＿＿＿＿＿＿＿＿＿＿＿

＊你想說什麼？

＿＿＿＿＿＿＿＿＿＿＿＿＿＿＿＿＿＿＿＿＿＿＿＿＿＿

＿＿＿＿＿＿＿＿＿＿＿＿＿＿＿＿＿＿＿＿＿＿＿＿＿＿

＊你希望與對方保持何種關係？

＿＿＿＿＿＿＿＿＿＿＿＿＿＿＿＿＿＿＿＿＿＿＿＿＿＿

＿＿＿＿＿＿＿＿＿＿＿＿＿＿＿＿＿＿＿＿＿＿＿＿＿＿

相信你已經明白，攻擊對方、向對方大發脾氣等吵架方式毫無意義。

生氣時，
身體會有什麼反應？

　　生氣時，你的身體會產生什麼反應？眼睛、嘴巴、臉、呼吸、手腳、心臟、肚子和頭腦等，這些部位會有哪些感受呢？

　　如果你知道生氣會讓身體產生什麼反應，下回當你想生氣或心浮氣躁時，就能即時掌握自己的狀態。

☆請你回想當你生氣時，身體會產生哪些變化，並且畫下來！

（例）

第5章

自己決定
憤怒後的行為

30 採取正確的下一步行動❶

碰到不開心的事情、令人想發脾氣的事情時,該怎麼做才能消氣呢?一起來學習吧!等你稍微冷靜後,就可以進行這個「行為準則」練習。

首先,針對下列問題,請你認真想一想,你能否憑自己的力量改變問題呢?

如果你不能自己解決問題,向大人求助也是一個好方法喔!

練習題

認清狀況!

①上課時,隔壁的同學一直跟我說話,害我被老師罵!

能不能做到不讓同學跟你說話?

能(=可以改變狀況) ····· 前往 P.79 !

不能(=無法改變狀況) ····· 前往 P.80 !

②今天原本要進行戶外體育活動的,已經期待好久了,卻偏偏下大雨!

能不能改變今天的天氣?

能(=可以改變狀況) ····· 前往 P.79 !

不能(=無法改變狀況) ····· 前往 P.80 !

練習

「可以改變」的事情

練習題①的狀況

「上課時隔壁的同學跟我說話，害我被老師罵！」

請注意，你要改變的不是「隔壁的同學」，而是「讓你感到為難的狀況」。請想一想該如何改變，並設定具體的目標！

「什麼時候」、「怎麼做」、「改變到什麼程度」，你就會滿意呢？

【什麼時候改變】　立刻！

【如何改變】

　　　方案 A：直接跟隔壁的同學說：「我想專心上課，而且不想被老師罵，所以上課時請你不要跟我說話好嗎？」

　　　方案 B：報告老師，請老師幫我換位子。

【改變到什麼程度】　方案 A：至少老師在講話的時候，請同學不要跟我說話。

　　　方案 B：可以的話，上課中都不要跟我說話。

挑戰　是否還有其他讓你感到為難的問題呢？如果你覺得「可以改變」，請把具體的目標寫下來。

【可以改變的事情】	【什麼時候改變】
	【怎麼改變】
	【改變到什麼程度】

採取正確的下一步 行動②

P.78 的練習題中，如果你認為「無法改變」的話，該怎麼辦呢？首先，請你判斷那些「無法改變」的事情，對你來說重要或不重要？

請參考下表和 P.81 的「練習」，套入造成你困擾的事情，再加以思考。

	可以改變的事情	無法改變的事情
重要	**解決它吧！** ·什麼時候改變 ·如何改變 ·改變到什麼程度 思考以上三個問題	**接受** 把心思放在其他事情上
不重要	**過幾天再改變** 或是 **可以改變的時候再改變**	**不去想** **隨它去吧！**

＊也可利用 P.51 的「四個箱子」來思考。

練習

「無法改變」的事情

練習題②的狀況

「今天原本要進行戶外體育活動的,已經期待好久了,偏偏下大雨!」

　我們都無法改變天氣,對吧?針對怎麼都無法改變的事情,最好先分辨出對你而言重要或不重要,再決定下一步行動。

重要

事情很重要卻無法改變,真是令人心浮氣躁、壓力暴增,面對這種問題,應該轉念去想:「那麼,有什麼事情是我可以做到的?」

雖然不能直接解決那件重要的事,但可以轉而探尋其他可以讓你心滿意足的事情。

> →下雨的話,活動怎麼進行才會好玩?
> →擬定下一次戶外體育活動的計畫

不重要

雖然無法改變,但反正不重要,那就「隨它去吧」。

或許你會有點不開心,但盡量「不去想」就好了,如果每件事都要費力氣解決,反而會耽誤真正重要的事情喔!

不過,為了確保日後的平安順心,請你擬定好對策。

> →撐傘
> →穿雨衣

32 被同學懷疑時

　　小薰心愛的鑰匙圈不見了。前幾天我曾說過：「這個鑰匙圈好可愛，我也好想要喔！」結果，今天同學竟然懷疑到我頭上：「萌萌，是你拿走的吧？因為你說過你也想要一個。」明明不是我，卻被同學誤會，真的很煩！

　　明明沒有拿別人的東西，只因為之前說過的一句話，就被同學懷疑是小偷，肯定很不安吧！這種時候，請試著整理一下心情，才能甩開煩惱。

練習

不安筆記

「該怎麼辦？」、「好擔心喔……」、「好害怕……」等等。當你有這些感受時，不妨利用下面的筆記整理一下心情。

這是重要的事？不重要的事？可以改變的事？無法改變的事？看看它符合哪個性質，一一寫下來吧！

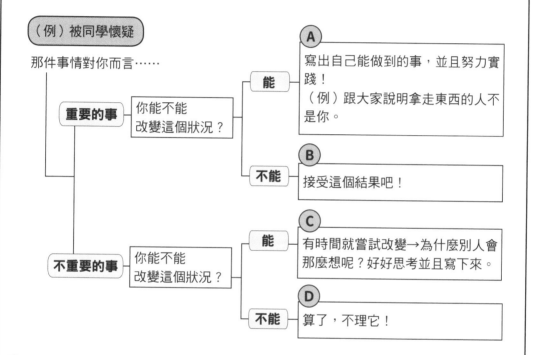

（例）被同學懷疑

那件事情對你而言……

重要的事 — 你能不能改變這個狀況？
- **能** → **A** 寫出自己能做到的事，並且努力實踐！（例）跟大家說明拿走東西的人不是你。
- **不能** → **B** 接受這個結果吧！

不重要的事 — 你能不能改變這個狀況？
- **能** → **C** 有時間就嘗試改變→為什麼別人會那麼想呢？好好思考並且寫下來。
- **不能** → **D** 算了，不理它！

挑戰

請站在萌萌和小薰的立場，思考一下能做什麼，並且寫下來。

萌萌	如果沒有拿別人的東西，就應該拿出自信，勇敢對同學說：「不是我！」

小薰	不妨把自己的心情誠實寫出來。也可以寫出令你感到安心的人、事物和地點，寫完以後就會冷靜多了。

33 再怎麼練習都 無法成功單槓翻轉時

做單槓翻轉時大家都輕鬆過關，只有我無論再怎麼努力練習，就是上不去，真不甘心！為什麼我這麼差勁呢……

　　為了學會單槓翻轉，真是辛苦你了。看到別人輕鬆翻轉過關，是不是很羨慕呢？你心裡恐怕也很焦急吧！

　　建議你好好觀察很會做單槓翻轉的同學，模仿他的動作，也可以請教對方有什麼訣竅，把握訣竅後多加練習，你一定能夠成功的！

練習

進行「角色扮演」練習

先設定一個你心目中的理想角色或偶像，然後觀察、模仿他的言行舉止，讓自己越來越像他，這就是「角色扮演」練習。

模仿的對象可以是你覺得很酷的人，也可以是你的哥哥或姊姊。

當你心浮氣躁時，覺得諸事不順而氣惱時，可以想想你的偶像：「我想要像他那樣。」、「如果能那樣子就好了。」然後模仿他們的言行舉止。

久而久之，你會越來越像他們，請務必練習看看。

挑戰

寫出你要進行「角色扮演」練習的人物

＊為什麼欣賞他？

_____

_____

＊你想變成什麼樣子？

_____

_____

＊如果成功，你會有什麼改變？

_____

_____

＊請畫出這位偶像的模樣。

34

老師不相信我的時候

　　窗戶破了。這次明明不是我打破的，老師卻罵我：「又是你？！」我說：「不是我！」老師根本不信，我氣得把書摔地上。後來阿勇自首：「是我打破的。」終於洗清我的冤屈。真是不甘心，氣死我了！

　　為什麼老師第一時間不願相信你說的話呢？再說，你一副氣噗噗的模樣，老師更難好好聽你解釋了。

　　你是動不動就生氣的「火爆小子」嗎？沒關係，只要從現在起改變一下你的行為，你會發現不光是自己，連你身邊的人也會變得不一樣了。試試看吧！

練習　進行「打破習慣」練習，做出改變！

　你生氣的時候，通常是什麼樣子？

> （例）一生氣就摔東西、口出惡言。

　做出改變吧！有哪些改變是你做得到的？
（可以改變行為，也可以改變想法。）

> （例）不要一生氣就摔東西或罵人，先冷靜下來。

●做出改變後，你會變得怎樣呢？　（你自己或是身邊人的反應）

> （例）吃驚！別人願意聽我說話了。

挑戰　寫下「打破習慣」的內容！

　你生氣的時候，通常是什麼樣子？

　做出改變吧！有哪些改變是你做得到的？
（可以改變行為，也可以改變想法。）

●做出改變後，你會變得怎樣呢？
（你自己或是身邊人的反應）

35

好像有人
在說你壞話時

小玲跟我說:「這是祕密喔!小萍在背地裡偷偷說你壞話喔!」我又沒做什麼,為什麼小萍要說我壞話呢⋯⋯?

你是不是覺得小萍背叛你了?第一時間聽到這消息時,你一定很受打擊,接著越想越生氣吧!這種時候,該怎麼做呢?

說不定小玲是騙你的,也有可能是你做了某件事引起小萍的誤會。當問題牽扯到三個人以上時,你不能只聽片面之詞,一定要好好弄清楚事實。而且,小玲為什麼要特別跟你說這些會讓你不高興的事,你也有必要進一步了解。

請先利用 P.89 的圖表,確認一下你的心情和行為吧!

練習

「自我主張」表格

「你對小萍的心情」最接近下列三個選項中的哪一個？

心情

| 好討厭！
我們明明一直很要好，沒想到她竟然……真討厭！ | 傷腦筋……
很想問小萍到底怎麼回事，但小玲要我保密，所以我沒辦法問…… | 真的嗎？
我和小萍是好朋友，所以有點不相信她會說我壞話。 |

態度

| 我要去質問小萍為什麼說我壞話！ | 我不想再跟小萍說話了，就當作沒這個朋友！ | 假裝小玲沒跟我說這件事，先靜觀其變。 | 先問小萍到底有沒有說我壞話，如果有，再問清楚原因。 |

| 【攻擊型】
經常用自己的情緒綁架別人，缺乏同理心。 | 【非自我主張型】
不表明自己的意見和心情而選擇放棄，有時顯得太過謹慎了。 | 【自我主張型】
好好跟對方說明自己的心情，也主動關心對方的心情，看重彼此的關係。 |

結果

| 認定小萍太可惡而大發脾氣，失去弄清事實真相的機會。 | 萬一是小玲弄錯了，這個錯誤可能就讓你和小萍的關係惡化。而且如果你心中對小萍有所怨言，可能會由怨生恨。 | 主動詢問小萍，釐清事實真相。只要雙方誠心溝通和理解，就能獲得彼此都能接受的答案。 |

★重點★什麼是「自我主張」（Assertive）？

一味發脾氣，或是相反的，太過在意對方而隱藏自己的情緒，都是不對的。因為不論你採取哪一種方式，都會錯失化解誤會的機會，甚至，你心中累積過多不滿的話，有朝一日會爆發出來。

「自我主張」的意思是——彼此關懷，並且表達自己的心情。你如何表達憤怒，將影響日後你與對方的關係。

36 成績沒有如願進步時

> 數學是我的拿手科目，而且我有上數理補習班，也花了很多時間學習，為什麼會考這種分數？成績一直無法提升，好煩！

　　無法在自己擅長的領域中發揮實力，這種時候產生的心浮氣躁，是對自己的一種憤怒。明明我應該拿到更高分的、明明我應該第一名的……結果不如預期，就會心急和煩躁。

　　或許你會怪東怪西，例如，題目出得太爛了、老師打分數的方法不公平、那些剛好猜對答案的人太詐了……

　　可是你應該很清楚，再多的怪罪都沒用，只能改變學習方法，或是再多加努力。

　　請你想一想，該怎麼做才能提高自己的學習熱情呢？

練習

創造你自己的成功故事

請寫出以自己為主角的成功故事，這個方法可以幫助你創造自己的未來。

半年後會如何、一年後會如何……時間軸可以用「週」為單位，也可以用「月」為單位。將你要達成目標的方法寫進下表中。

從未來的時間點看目前的自己，即使目前感到很辛苦，也能當作是通往成功目標的一個過程，自然願意繼續加油努力了。

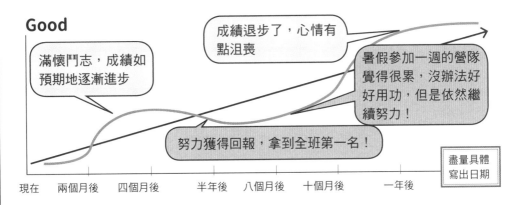

挑戰

寫出你自己的成功故事

這張圖表是用來表示你離自己的理想越來越近，因此，越是右邊（將來），越要寫出更進步的內容。

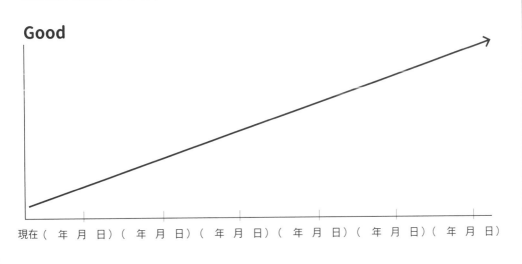

37

莫名感到
煩躁時

> 我也不知道怎麼搞的，不管是對朋友、爸媽、老師或任何人，我都覺得厭煩，啊！真是煩死了！

　　無論身體或心理，你都正一步步接近青春期，並且出現若干改變，例如，從前能接受的事情突然不能接受了、一被大人干涉就心浮氣躁、想要用自己的方式處理所有事情……

　　在這段青春時期，體內的荷爾蒙平衡不斷變化是很自然的事，有時，你會被情緒的波濤襲捲而無法自拔。

　　可是，如果不加以改善，可能會釀成禍端。因此，請你試著進行 P.93 的練習！

快樂筆記

老是心浮氣躁時，建議寫下一些「好事」和「快樂的事」。

只要是「好事」，再小都無妨，例如，「看見一部酷斃了的跑車」、「上學途中都剛好遇到綠燈」、「今天的營養午餐全是我愛吃的」等等，即便是芝麻小事，只要能帶給你快樂，都全部寫下來。

書寫的過程中，你的心思就會全部集中在美好的事情上，你就能發現你的每一天都是幸福快樂的。

> ♫　快樂筆記　♫
> • ....
> • ....
> • ....
> • ....
> • ....
> • ....

「24 小時平心靜氣」練習

不論你的心情是好是壞，都可以進行這個練習：「今天不論發生什麼事，絕對不生氣也不口出惡言。」即便內心感到焦躁不安，也絕不把這種情緒表現在言語、表情和態度上。

例如，你碰到一件很不開心的事，但在這一天，無論如何你都要傾聽對方的心聲、接受對方的情緒。只要改變態度和言行，你將發現別人的反應也跟著不一樣了，這點你可要好好觀察和感受一下。

你也可以告訴身邊的大人：「今天是我的『不生氣日』喔！」請他們協助你完成這個練習。

今天是我的「不生氣日」喔！

93

憤怒溫度計

還記得 P.33 的「憤怒溫度計」嗎？現在，請你將每個溫度所對應的態度寫下來。

這麼做可以幫助你在生氣時，根據自己的態度來判斷：「現在差不多是○度呢？」當溫度太高時，請設法讓自己降溫 1 至 2 度吧！

憤怒的溫度從低到高可以分成好幾個階段，請你好好體會溫度逐漸上升和下降的感覺。

寫好後，請和同學交換與比較。你會發現，同學的溫度與態度的關係，很多時候跟你想像的並不一樣呢！

溫度計	採取什麼態度？
抓狂！！ 10	10 _____
火冒三丈 9	9 _____
一肚子火 8	8 _____
很生氣 7	7 _____
很煩躁 6	6 _____
生氣 5	5 _____
煩躁 4	4 _____
有點生氣 3	3 _____
有點煩躁 2	2 _____
有點不高興 1	1 _____
很平靜 0	0 _____

第 6 章

「憤怒管理」
練習總整理

38 找出適合自己的解決方法！

找出讓自己不生氣且冷靜下來的方法！

還記得想生氣時應該先怎麼做嗎？應該先「等待 6 秒鐘」。

接下來，我們要介紹如何等待 6 秒鐘，以及過了 6 秒仍無法消氣時的冷靜方法。請你多多嘗試，找出你最容易做到的方法。找到以後，下次再遇到很想生氣的時候，就趕快用這招對付喔！

練習 1 在手心上寫字

想發脾氣時，就用手指在手心上寫下發生的事情。在你寫字的時候，不知不覺 6 秒就過去了。

不過，寫字的目的不是讓你更憤怒，而是讓你冷靜下來，因此，請你慢慢將事情經過寫下來，心情就會跟著沉靜下來。

等過了 6 秒，心情沉靜下來後，再把想說的話誠懇的說給對方聽。

練習 **2**

人臉氣球

你生氣時是什麼樣子呢？製作一個你的人臉氣球吧！氣球適合什麼顏色呢？大概多大顆呢？會是什麼樣的表情呢？請你自由發揮。

吹氣球時，你必須先大大吸一口氣，然後把氣全部吹進氣球。這時候，就把憤怒的情緒一起吹進氣球吧！

吹好後，用安全別針在打結處旁邊戳一個洞，裡面的空氣會「嘶～」的跑出來，汽球就會變小了。

你心中的「憤怒」雖然會作怪，但只要把它放走就沒事了。請張大眼睛看著這個過程，體會憤怒飛走和消去的感覺。

練習 **3**

憤怒怪獸

憤怒和煩躁等情緒是眼睛看不見的，或許因此讓你覺得難以掌控。那麼，建議你想像一下憤怒的樣子，並且用蠟筆畫在紙上，畫出一個眼睛看得見的「憤怒怪獸」。

牠是什麼顏色呢？長什麼樣子？身體有多大？有五官嗎？表情凶巴巴的嗎？滑溜溜的嗎？溫度大約是多少呢？很燙嗎？很冰嗎？很硬嗎？很軟嗎？

「憤怒怪獸」的模樣，畫得越具體越好。

接著將畫好的怪獸拿給身邊的人看，告訴他們為什麼你會這麼畫，在聊天過程中，你就會慢慢冷靜下來了。最後……請把怪獸揉成一團，丟進垃圾桶中。

39

可以平復心情的
好用小物品

找出可以讓你平息憤怒、恢復心情的好用小物品！

心浮氣躁、感到不安時，你有一些可以幫助你平緩情緒的小物品嗎？例如，小時候很喜歡的毛巾、布偶和玩具等。

第一次去陌生的地方、要和很多不認識的人見面時，你會不會緊張的拉著媽媽的手不放，或是手裡緊緊捏著某個東西不放呢？

你會慢慢長大，不可能永遠都「拉著媽媽的手不放」，你喜歡的布偶和玩具也不可能帶去學校。

或許你認為：「不要把我當小孩子看！」但是，你的內心不可能一下子就變成大人，感到不安和焦躁都是很正常的。因此，建議你找出一些可以療癒你、幫助你冷靜下來的小物品。

請寫出你身邊的好用小物品，如果一時想不到，就利用這個機會好好找一找吧！

挑戰
1　**寫出三項你小時候最寶貝的東西**

・
....

・
....

・
....

挑戰
2　**什麼東西可以當成你的「幸運小物」？**

■例如這類東西……

塑膠軟球

　　特別是表面有突起的軟球，當你用力握住再放開時，會感覺一股煩躁之氣從手心飄走了。而且，當你感到緊張時，只要用手滾動塑膠軟球，也能幫助你冷靜下來。

護身符

　　護身符的功用就是趨吉避凶，如果某個護身符讓你感到心安，當氣到理智斷線時也不會衝動的口出惡言或出手攻擊，那就把它隨身攜帶吧！

照片

　　家人的照片或旅行時拍到的美麗風景照都可以。「看了就很舒服」、「讓人心情特別好」的照片，能在你疲倦和心浮氣躁時，發揮穩定情緒的效果。

....

....

....

表達「情緒」的辭彙

你的內心有哪些「情緒」呢？

前面說過，在你想生氣之前，你的心裡肯定藏著其他情緒，其實那才是你真正的心聲。

而且，表示「幸福」的情緒相當多，例如「開心」和「快樂」等。

能夠洞悉自己的情緒，自然比較容易向別人表達出來，因此，請把你想到的各種情緒辭彙全部寫下來吧！

心情好的「情緒」辭彙 😃

心情不好的「情緒」辭彙

挑戰

圈字遊戲：找出表達「情緒」的辭彙！

下面表格中，藏著許多可以表達「情緒」的辭彙，你能找出幾個呢？有些是直排的，有些是橫排的，仔細找找看吧！

自	嚇	少	不	分	動	高	害	怕
信	一	因	滿	憤	後	興	感	激
控	跳	快	樂	怒	不	甘	心	困
喜	好	痛	不	爽	沮	喪	張	擾
悅	全	無	發	幸	興	奮	不	安
擔	心	聊	羨	福	喜	出	望	外
滿	寂	安	慕	難	過	安	受	光
足	寞	發	愉	快	行	心	打	急
享	悲	傷	不	爽	緊	張	擊	活

解答

快樂　高興　幸福　安心　喜悅　感激　沮喪　愉快　羨慕　悲傷　寂寞
擔心　緊張　不甘心　困擾　憤怒　不安　受打擊　滿足　難過　害怕
不爽　興奮　無聊　嚇一跳　喜出望外　不滿　自信

41 事件回顧（結局不好的事件）

採訪你身邊的大人，請他們分享過去因為生氣把事情搞砸的經驗

Q：曾經做過什麼事情，結果「因為生氣而搞砸和後悔」？

爸爸

（例）「有一次我在公司嚴厲責備部屬，導致他們都很怕我，結果我們的團隊合作變得亂七八糟。」

＊你的採訪： . . . .

媽媽

（例）「有次我正忙得要命，你還來找我麻煩，我就忍不住臭罵了你一頓。但是後來我很後悔，根本沒必要因為那點芝麻小事大發脾氣。」

＊你的採訪： . . . .

老師

（例）「有個讓人頭痛的學生又在調皮搗蛋，我就大聲責罵他，後來發現是我弄錯了，調皮搗蛋的是別人，不是他，我覺得很抱歉。」

＊你的採訪： . . . .

寫下你自己曾經因為生氣而搞砸和後悔的經驗！

你曾經因為生氣而搞砸某件事，並且後悔不已嗎？例如因為生氣而破壞了和同學之間的關係、因為生氣讓事情變得不可收拾……請將這些經驗寫下來。

☆ ＿＿＿＿＿＿＿＿＿＿＿＿＿＿＿＿＿＿＿＿＿＿＿＿＿＿＿＿＿＿＿

＿＿＿＿＿＿＿＿＿＿＿＿＿＿＿＿＿＿＿＿＿＿＿＿＿＿＿＿＿＿＿

＿＿＿＿＿＿＿＿＿＿＿＿＿＿＿＿＿＿＿＿＿＿＿＿＿＿＿＿＿＿＿

☆ ＿＿＿＿＿＿＿＿＿＿＿＿＿＿＿＿＿＿＿＿＿＿＿＿＿＿＿＿＿＿＿

＿＿＿＿＿＿＿＿＿＿＿＿＿＿＿＿＿＿＿＿＿＿＿＿＿＿＿＿＿＿＿

＿＿＿＿＿＿＿＿＿＿＿＿＿＿＿＿＿＿＿＿＿＿＿＿＿＿＿＿＿＿＿

採訪完身邊的人，你有什麼感想呢？或是你從失敗中獲得什麼教訓呢？請寫下來。

☆ ＿＿＿＿＿＿＿＿＿＿＿＿＿＿＿＿＿＿＿＿＿＿＿＿＿＿＿＿＿＿＿

＿＿＿＿＿＿＿＿＿＿＿＿＿＿＿＿＿＿＿＿＿＿＿＿＿＿＿＿＿＿＿

＿＿＿＿＿＿＿＿＿＿＿＿＿＿＿＿＿＿＿＿＿＿＿＿＿＿＿＿＿＿＿

☆ ＿＿＿＿＿＿＿＿＿＿＿＿＿＿＿＿＿＿＿＿＿＿＿＿＿＿＿＿＿＿＿

＿＿＿＿＿＿＿＿＿＿＿＿＿＿＿＿＿＿＿＿＿＿＿＿＿＿＿＿＿＿＿

＿＿＿＿＿＿＿＿＿＿＿＿＿＿＿＿＿＿＿＿＿＿＿＿＿＿＿＿＿＿＿

案例分享 ～一位運動選手為憤怒付出的代價～

這是一位國際知名足球選手的故事，他在一場世界盃冠軍爭奪戰中，因敵隊的挑釁而用頭部頂撞對手，結果慘遭舉紅牌退場。這位選手的隊伍本來很有希望奪冠的，很遺憾就此飲恨。最後他落得默默引退，連引退儀式都沒有舉行。這個故事告訴我們，即便當時是對手挑釁，但只要沉不住氣，表現出惡劣的行為，最後吃虧的人還是自己。

42 事件回顧（結局美好的事件）

 採訪你身邊的大人，請他們分享過去因為生氣把事情搞砸的經驗

Q：曾經做過什麼事情，結果「因為生氣而獲得美好的結局」？

爸爸

（例）「我兒子給別人惹麻煩時，我一定會好好管教他。久而久之，他慢慢能夠了解我的用心良苦，言行舉止越來越有禮貌，常得到老師和其他大人的誇獎。」

＊你的採訪：……………………………………………………………

………………………………………………………………………………

媽媽

（例）「從前我不太會做菜，老是被爸爸說『不好吃』，真是又氣又不甘心，於是努力學習。現在，我想大家都覺得我做的菜非常好吃吧！」

＊你的採訪：……………………………………………………………

………………………………………………………………………………

老師

（例）「儘管心情會很差，但我一直諄諄教誨，後來學生就不再忘記交作業了！」

＊你的採訪：……………………………………………………………

寫出你自己曾經因為生氣而獲得美好結局的經驗！

　　因為適當表達出憤怒而獲得美好的結果；或是將憤怒轉為力量，終於獲得成功等等。諸如此類結局好的經驗，請開心的寫下來吧。

☆ _____

_____

☆ _____

_____

_____

　　採訪完身邊的人，你有什麼感想呢？或是你從自己因生氣而獲得好結局的經驗中，獲得什麼領悟呢？請寫下來。

☆ _____

_____

_____

☆ _____

_____

案例分享 ～一位諾貝爾得主的經驗～

「一直以來，激勵我前進的力量就是憤怒。」、「憤怒是所有行為的驅動力。」這是一位榮獲諾貝爾獎的博士所說的話。據說在他年輕的時候，他的研究始終不被看好，公司對他相當苛刻。但是，這位博士並未因此被憤怒耍得團團轉，而是選擇一種聰明的憤怒方式。「我要是不成功，別人是不會聽我說話的。」、「我一定要讓他們刮目相看！」抱持這樣的信念，博士努力不懈，終於得到諾貝爾獎的殊榮。

憤怒管理 Q&A

請回答下列問題！

問題

**請將正確的答案圈起來，
並且在（）中作答。**

① 感覺到憤怒的情緒是壞事嗎？　　　　　壞事／並非壞事

② 憤怒的情緒可以被一筆勾銷嗎？　　　　　可以／不可以

③ 憤怒是為了什麼目的而產生的情緒？
　　a) 攻擊對方　　b) 吵架　　c) 保護自己

④ 生氣時，下列哪一種行為千萬不要做？
　　a) 口出惡言　　b) 深呼吸　　c) 離開現場

⑤ 你可以做哪些事，避免自己口出惡言和態度惡劣？
　　（　　　　　　　　　　　　　　　　　　　　　　　）

⑥ 讓你生氣的最主要原因是什麼？同學的態度／自己的認定

⑦ 誰能夠控制你的憤怒？
　　a) 爸媽　　b) 自己　　c) 老師

⑧ 當你生氣時，表示你心中藏著哪些情緒？舉例說明。
　　（　　　　　　　　　　　　　　　　　　　　　　　）

⑨ 有話想對同學說的時候，主詞最好使用？　　　　對方／我

⑩ 接續第⑨題，以下情境哪一種說法比較正確？

[情境] 佳佳跟我借了橡皮擦，卻一直不還我。

a) 佳佳，我借你的那塊橡皮擦，你要用到什麼時候啊？

b) 我要用橡皮擦，能不能請你還給我？

⑪ 生氣時，下列哪一種行為是正確的？

a) 是對方的錯，所以我可以攻擊他和罵他

b) 我說了他也不會懂，而且我不想吵架，就先保持沈默吧

c) 我會說出我的想法，也會傾聽對方的說法，增進彼此的了解

⑫ 即便和同學吵架，也必須維持什麼樣的關係？

（　　　　　　　　　　　　　　　　　　　　　）的關係

⑬ 請舉出三個生氣時的原則。

（　　　　　　）、（　　　　　　　）、（　　　　　　）

⑭ 對於無法靠自己努力而改變的事情，下列哪一種做法是不恰當的？

a) 接受　b) 反抗　c) 隨它去吧

⑮ 想生氣時可以用一些方法幫助自己冷靜下來，下列哪一種方法是不恰當的？

a) 做三次深呼吸　b) 暫時離開現場　c) 跳繩　d) 摔東西洩憤

【解答】

① 並非壞事　② 不可以　③ c) 保護自己　④ a) 口出惡言　⑤ 範例：在手心上寫字、深呼吸、注視某一個定點、唸一些魔咒等等（參考第 2 章）

⑥ 自己的認定　⑦ b) 你自己　⑧ 範例：悲傷、不甘心、被當傻瓜、丟臉等等（請參考第 100 頁）　⑨ 我　⑩ b)　⑪ c)　⑫ 雙贏　⑬ 不傷害別人、不傷害自己、不破壞物品　⑭ b)　⑮ d)

寫給家長與老師的話

「憤怒管理」這門學問，是一九七〇年代由美國發展而成。美國認為，憤怒管理是讓孩子獨立、成為社會一分子的必要訓練，是孩子從小應該學習的一門課程。

練習憤怒管理有二大意義：

● 能選擇為自己的人生負起責任。

● 創造健全的人際關係，成為社會的一分子。

你小時候是否也有這樣的經驗呢？「被老師罵過之後，完全不想認真學習了」、「因為嘔氣而不想努力了」、「被爸媽罵而心生反抗，故意做壞事」等等。

每位孩子都有無限潛能，可以做各式各樣的人生選擇。然而，若不能好好處理憤怒情緒，很容易被它耍得團團轉，或是放棄原本勝券在握的事、不能化悲憤為力量而錯失良機，那麼，等於是自己封鎖了自己的潛能，甚至因此自怨自艾，或將責任推卸給別人，導致走向人生失敗組的窘境。

能夠坦誠面對並且好好處理，就能對自己的情緒及選擇負起責任，不至於自暴自棄、怪東怪西。這麼一來便能克服困難，朝目標邁進，負責任的創造自己的人生。

憤怒這種情緒會對人際關係產生莫大的影響，破壞人際關係的禍首，十之八九都是憤怒。

孩子在成長過程中，必須與朋友、家長、老師、學長和學弟妹、戀人、配偶、上司、同事、下屬和鄰居等，建立各式各樣的人際關係。但是，若無法妥善處理憤怒情緒，很可能因一點小事就與人起衝突，無法維持健全的人際關係。

透過「憤怒管理」學會處理憤怒情緒後，就能不傷人、不傷己、不破壞物品的表現憤怒情緒，獲得對方的理解。

　　學會適切表達憤怒情緒，有助於被眾人接受，經營健全的社會生活。我們都是過來人，深知被憤怒情緒綁架的人會活得相當辛苦。

　　日本文部科學省稱「憤怒管理」為一種「情感理解教育」。美國更視「憤怒管理」為一種心理教育和心理訓練，只要了解其邏輯，學習相關技巧，再不斷反覆練習，就跟學習運動與烹飪一樣，人人都可駕輕就熟。

　　然而，畢竟憤怒管理是一門講究技巧的學問，並非人人皆能成為專家。但是以棒球來比喻的話，你可以學會怎麼接球；以烹飪來比喻的話，你可以學會怎麼打蛋，光是知道方法，結果就能大不同。

　　本書是專為孩子撰寫的憤怒管理專書。不過，即便孩子學會憤怒管理了，但身邊的大人不懂，老是亂發脾氣的話，根本不能好好教導孩子，因為身邊的大人正是孩子的榜樣。希望各位家長、老師能和孩子一起實踐憤怒管理技巧，做好優良的示範。

　　衷心期望本書能幫助孩子學會處理憤怒情緒的方法，開拓更豐富的人生選項與潛能。

　　只要有更多人理解並實踐「憤怒管理」，社會就能更加和諧。今日社會已經非常進步和樂，等到閱讀本書的孩子都成為善於憤怒管理的大人時，相信我們的社會將更加幸福美好。

日本憤怒管理協會代表
安藤俊介

各項練習課題與目標

項目		課題	目標
第1章	1	認識憤怒的情緒	了解憤怒是一種非常重要的情緒
	2	重新思考憤怒真的不好嗎？	重新認識憤怒並非壞事
	3	認識四種有問題的憤怒方式	進一步了解四種有問題的憤怒方式
	4	認識憤怒的性質	了解憤怒有哪些性質
	5	認識憤怒的構造	了解憤怒的產生過程
	6	思考是誰在控制憤怒	了解憤怒是由自己控制的
第2章	7	認識「6秒原則」	了解為什麼「6秒原則」是必要的
	8	練習在生氣時做深呼吸	學習生氣時讓心情平復的方法
	9	用「接地練習」技巧集中注意力	學習生氣時轉移情緒的方法
	10	用「暫停！」技巧來離開現場	學習生氣時讓自己冷靜的方法
	11	幫憤怒打分數	練習客觀將憤怒程度予以數字化
	12	用「咒語」冷卻憤怒	練習冷卻憤怒的方法，避免反射性發怒
	13	用「自言自語」技巧改變觀點	思考能夠不生氣而解決事情的方法
第3章	14	知道憤怒的原因是「應該」這個想法造成的	練習探索憤怒的原因
	15	知道可以靠改變想法來讓自己不生氣	練習拓展自己能夠寬容的範圍
	16	生氣時寫「憤怒筆記」	利用「憤怒筆記」客觀認識自己的憤怒
	17	生氣時寫「改變筆記」	利用「改變筆記」思考自己想成為什麼樣子
	18	寫出自己認定的「應該」	利用「應該筆記」察覺自己認定的「應該」
	19	利用「四個箱子」學習如何處理憤怒情緒	將自己的問題放入適當的「四個箱子」中，進一步重新思考
	20	省思自己認定的「應該」與別人認定的「應該」	站在別人的觀點重新思考自己認定的「應該」
	21	鬆綁「應該」的觀念	重新寫出「應該」或「不應該」的事，讓自己不再那麼心浮氣躁

	22	認識生氣時的原則與其意義	熟記三大原則
第4章	23	認識幾個生氣時常說出口卻不能解決問題的用語	避免做出生氣時常犯的禁忌
	24	認識自己生氣時的態度	學習如何表達生氣的情緒
	25	反省自己生氣時所用的主語	認識「我訊息」這種表達方式
	26	思考憤怒爆炸後會怎樣？	學習不讓憤怒爆炸的方法
	27	正視自己的情緒，認識表達該情緒的方法	學會善用「我訊息」
	28	不要隨心情亂發脾氣	確認生氣的原因，練習將適當表達出來
	29	思考爭吵的目的	學習如何讓爭吵達到「雙贏」
第5章	30	認識「可改變的事情」的處理方法	學習具體的解決方法
	31	認識「無法改變的事情」的處理方法	學習具體的處理方法
	32	寫「不安筆記」	學習如何利用「不安筆記」整理心情
	33	利用「角色扮演」來想像心目中的理想形象	學習「角色扮演」技巧
	34	認識「打破習慣」	利用「打破習慣」技巧，嘗試與平常不一樣的做法
	35	思考「自我主張」的態度及結果	學會從自己的言行舉止推測結果
	36	試著創造自己的成功故事	練習想像自己的未來
	37	做些努力讓自己變得積極正向	多看日常生活中好的一面
第6章	38	學習幾招消消氣的方法	找出適合自己的技巧
	39	找出能讓自己冷靜下來的好用小物品	找出能幫助自己隨時處於安心狀態的幸運小物品
	40	增加表達「一次情感」的辭彙	學會更多可以表達自己心情的辭彙
	41	思考憤怒會造成哪些後悔	了解憤怒的壞處
	42	思考如何聰明處理憤怒	了解憤怒帶來的好處
	43	回答問題，作為本書的總複習	確認已經學會「憤怒管理」了

童心園 童心園系列 266

【全圖解】解決孩子的大煩惱1-小學生的憤怒管理練習課
イラスト版子どものアンガーマネジメント：怒りをコントロールする43のスキル

監　　　　修	一般社團法人日本憤怒管理協會
作　　　　者	篠真希・長繩史子
譯　　　　者	林美琪
責 任 編 輯	陳鳳如
封 面 設 計	黃淑雅
內 文 排 版	李京蓉
童 書 行 銷	張惠屏・侯宜廷・陳俐璇

出 版 發 行	采實文化事業股份有限公司
業 務 發 行	張世明・林踏欣・林坤蓉・王貞玉
國 際 版 權	鄒欣穎・施維真
印 務 採 購	曾玉霞・謝素琴
會 計 行 政	許俙瑀・李韶婉・張婕莛
法 律 顧 問	第一國際法律事務所 余淑杏律師
電 子 信 箱	acme@acmebook.com.tw
采 實 官 網	http://www.acmestore.com.tw
采 實 臉 書	http://www.facebook.com/acmebook
采實童書粉絲團	https://www.facebook.com/acmestory/

I　S　B　N	978-626-349-023-9
定　　　　價	320元
初 版 一 刷	2022年11月
劃 撥 帳 號	50148859
劃 撥 戶 名	采實文化事業股份有限公司
	104台北市中山區南京東路二段95號9樓
	電話：(02)2518-9798 傳真：(02)2518-3298

線上讀者回函

立即掃描 QR Code 或輸入下方網址，
連結采實文化線上讀者回函，未來會
不定期寄送書訊、活動消息，並有機
會免費參加抽獎活動。

https://bit.ly/37oKZEa

國家圖書館出版品預行編目(CIP)資料

(全圖解)解決孩子的大煩惱. 1：小學生的憤怒管理練習課
/篠真希, 長 史子作；林美琪譯. -- 初版. -- 臺北市：采實
文化事業股份有限公司, 2022.11
　面；　公分. -- (童心園系列；266)
譯自：イラスト版子どものアンガーマネジメント：怒
りをコントロールする43のスキル
ISBN 978-626-349-023-9(平裝)

1.CST: 情緒管理 2.CST: 憤怒 3.CST: 兒童教育

176.56　　　　　　　　　　　　　　　111015190

采實出版集團
ACME PUBLISHING GROU

版權所有，未經同意不得
重製、轉載、翻印